A lector

Gracias por leer este documento, la verdadera esencia de la vida radica en la libertad del pensamiento, un poder sin limites que yace escondido en el interior de cada espíritu, estas son las primeras letras del cambio en que la humanidad ingresa, un despertar de consciencia diferente, una visión de las muchas que existen, en verdadero arte del poder mental.

Omar Hejeile Ch.

AUTOR
Omar Hejeile Ch.

Editorial Wicca, rescata el poder inconmensurable del ser humano y la naturaleza; un poder que todos poseen, sienten, perciben, pero pocos conocen, a través de los textos, programas de radio, se invita sin imponer una verdad o un concepto, para que cada uno que siente el llamado desde su interior, quien descubre la magia de los sueños, y desea obtener el conocimiento, por ende, la transformación de su vida alcance el centro de la
felicidad.
La vieja religión ha renacido...
y está en sus manos.

WICCA
ESCUELA DE MAGIA

La vieja religión basada en el conocimiento mágico, de viejas culturas perdidas en el tiempo, escapadas del mundo de los hiperbóreos renacen como el fénix la armonía del hombre con la naturaleza.

Wicca, vocablo que procede de Wise, Wizard, significa *"El oficio de los sabios" "Los artesanos de la sabiduría"* Durante milenios de persecución, los documentos antiguos de la vieja religión permanecieron ocultos esperando el momento propicio del renacer, ahora, Wicca, recupera algunos de los viejos conocimientos del influjo lunar, el sol, los grandes Sabbats, el poder secreto de los encantamientos y embrujos, el arte de los sortilegios, el infinito mundo mágico de las plantas, el secreto de las estrellas.

Mas información en :
www.ofiuco.com
www.radiokronos.com
www.wiccausa.com

© 2019
Autor: Omar Hejeile Ch

Derechos Reservados

Título: Bálsamo para el Alma

ISBN: *978-958-8391-37-3*

Sello Editorial: *WICCA E.U. (978-958-8391)*

ENCICLOPEDIA: *"Universo de la Magia"*

Diseño y Diagramación: *Mario Sánchez C.*

BÁLSAMO PARA EL ALMA

LA EXPERIENCIA INCREÍBLE DE ENCONTRAR LA FELICIDAD, EN LA LUZ DE UN MEJOR MAÑANA...

*El sándalo al morir perfuma
el hacha que le hiere...*

¿Cuántos árboles vivos en la mente del hombre, son podados y cortados de raíz por hachas invisibles que se esconden en los actos y en las palabras? Se debe ser como el sándalo que, al morir, lentamente, va inundando con su aroma el hacha de su victimario.

9

BÁLSAMO PARA EL ALMA

Algunas veces, la soledad, la angustia y el vacío, retoman esa presencia extraña; la ausencia del espíritu cede lentamente a la melancolía y al dolor. Pero es un dolor diferente; es el alma que se encierra en el capullo de la tristeza y todo parece perder el encanto y la alegría.

Nacen los pensamientos equivocados y se siente en el silencio, que ahora se ha perdido lo que un día significó, la esperanza, es ahora soledad.

El desierto es un paraíso cuando el alma pierde la razón ¿Quién está contigo cuando estás solo? ¿Quién descubre la luz cuando es de noche del alma? ¿Quién da la mano, cuando en el devenir cotidiano, las cosas de la vida sobrevienen, sin avisar y aunque el espíritu trate de superar el camino, el paisaje ha cambiado?

Todo se nubla sin la ilusión de un día más; en la soledad del pensamiento, en el vacío de la nada, en la espesura de las sombras, que inertes

se convierten en el fantasma del ayer, o quizá...
En las sombras del mañana, que agazapadas se
esconden en la espera de la noche, para caer como
nubarrones de tormenta, anulando la ilusión.

¡OH! Que desolación en la noche del alma.
Que agonía tan infinita en el instante de la nada.
Dolor en la fe de la esperanza...
Soledad... Triste soledad.
Sed, de amar y ser amado.
Sed, de encontrar la fuente cristalina,
De un mañana.
Partir... ¿A dónde? Al lugar sagrado de la
noche sin día; al atardecer de la existencia.

Es difícil cuando se muere estando vivo,
seguir atrapado en un cuerpo, en un
mundo, en un universo sin sentido.
Pensar y pensar, que todo pasará.
Pensar que es un instante pasajero; tratar en
vano de reconciliar la vida, cuando sentimos que
en el horizonte del mañana tan solo hay nada.

La arena del desierto, el frío de la nada,
la aridez de valle muerto que macilento

se esconde en sus entrañas; así queda
el alma cuando el dolor la atrapa.
Todo es vano como la nada y todo pierde sentido;
en la muerte quizá, se esconda la calma.

¿Qué es la vida sin el mañana? ¿Para qué las
flores sin semilla, que por un día tan solo serán
a la larga nada? ¡Sí! Dirán los locos... por un día
vale la pena la vida... Por un día, solo un día...
nada más. ¿Será? Será que bien vale un día... ¿Sin
semilla ni esperanza? ¿No es infructuoso intentar
lo que ya se sabe que no será? Esperar sin esperar;
cuando ya es tarde para trepar la montaña.
Mas, es inútil hacerlo; quizá se dirá: vale
la pena porque será tu reto y ¿Para qué?
Al final la cumbre de la montaña no será
más, que el valle de donde se partió.

¿La corteza que envuelve la frágil semilla,
no es acaso lo despreciado y sin embargo es
lo valioso? ¿Será siempre así? ¿Cómo estar al
tiempo en la semilla o en la cáscara? Nadie
podrá saberlo; pero cuando el alma duele, es el
desprecio de ser cáscara, sin importar la semilla.

Mañana moriremos y todo habrá terminado; el final o el comienzo han llegado. Ahora es la vida sin vida y todo sucumbe al paso de la nada.

Pero, mientras llega la parca, la vida se levanta entre la soledad y la esperanza, la ilusión despierta escondida en la aurora de los días, la semilla del alma se sepulta para nacer a la vida y dar su fruto.

Entonces, con el dolor viene la solución: ¡el suicidio!, Es la alternativa; pero lo mejor es detenerse por un instante. Detener el tiempo, permitiendo que el alma llore y llore en abundancia, hasta sosegar el espíritu; es el momento entonces donde sobrevendrá la muerte... la muerte... Aquí y ahora. ¡Pero sin morir! Morir.

Mirar el mal y dejar morir el mal... Eso es lo que vamos a hacer: morir al pasado, para volver a vivir en este mismo presente.

Es partir sin haber salido; hacer un alto en la espesura de la noche y encontrarnos con nosotros. La vida, esta vida, este momento difícil, aunque ahora lo dudemos "PASARÁ". Pero mientras eso ocurre, necesitamos de un bálsamo para aliviar el dolor de la incertidumbre y desesperación que ahora se anida en el espíritu.

Han pasado noches, días, horas, en que las lágrimas ruedan silenciosas; noches en que la mente despierta a la inquietud, en la soledad, entre las sábanas blancas, el fantasma terrible del insomnio ha aparecido; noches y noches sin dormir...

¿Duele verdad? Y duele mucho. ¿Qué ve en este instante, perdido en la lejanía de su interior? Mira... mira... tan solo mira su dolor.

¿O quizá en su mente, se atrapó la imagen de esa otra persona que considera culpable de su agonía? ¿Cuántas veces ha pronunciado la misma frase? ¡Daría todo porque estuvieras aquí! ¿Realmente lo daría?

No hay peor desasosiego que el perder la dignidad y caer en la humillación por amor, por deseo, por dejar de ser uno mismo para ser otro; por sentir temor de iniciar una vez más el camino; por aferrarnos a lo terrenal y efímero. ¿Acaso la vida vale un trabajo, o una casa, o debemos abatirnos ante las pérdidas inesperadas?

Tenga cuidado de lo que va a hacer en estos momentos, sucumbir a causa de la desesperación y caer en la miseria mental, aceptando lo que no quiere aceptar y cambiando su vida, por tratar de retener lo que está perdiendo.

Piense; va a resultar más lastimado; así que, en este momento, haciendo acopio de la fuerza de voluntad, tome una sabia decisión: **quédese quieto, hasta que termine de leer este libro...**

Quizá en él, encuentre una luz en los instantes de dificultad; un sendero hacia el mañana en la continuidad de la vida.

...Pasó durante mucho tiempo: un detalle, un pensamiento, un beso; la felicidad se anidó sin permiso y el amor floreció... Un trabajo estable, el progreso, la abundancia, el sol del amanecer sonreía... Todo se nutre de ese sentimiento de bienestar y éxito, todo fluye, el espíritu se enaltece confiado en que los brazos de la fortuna nunca dejar de arrullar...

Pero... la vida, extraña y misteriosa, cubre con el velo de la adversidad la mejor ilusión.

Viene lo inesperado: un día cualquiera se despierta y allí hace su aparición el dolor, con su carga de soledad; el desacierto, el temor, la agonía de enfrentar, **teniendo que aceptar lo inaceptable.**

Aparece como un ladrón, el silencio y la felicidad del espíritu son sacudidos por la incertidumbre. Ocurre con frecuencia, cuando se besa la alegría y se presume que el camino ha florecido, la parca toma un disfraz haciendo su macabra aparición.

Una grave enfermedad, una separación inesperada, la muerte de quien más se ama, la pérdida de lo que se posee, un evento inimaginable, el fracaso económico fruto de una mala decisión, una equivocación y el mundo armónico que antes existía, ahora es presa de la peor tormenta.

Son miles de disfraces que utiliza en las sombras al llegar; es la amargura y el vacío.

Nadie está preparado. Lo
inesperado sobreviene sin avisar.

¿Quién, quién, no ha vivido un momento de angustia ante la adversidad? Se podría enumerar una larga lista de acontecimientos dolorosos y nunca encontrar un bálsamo que alivie ese momento. Nada ni nadie, calma el dolor que se siente.

El dolor del cuerpo es superable; pero, el del alma... ¿Qué o quién puede curarlo?

En la soledad del espíritu,
nunca se tendrá compañía.
La soledad del alma es la matriz del destino,
Donde los futuros se construyen
Donde todo nace y muere
La soledad es el verdugo silencioso que
corta los hilos mágicos del mañana
O entreteje los hilos sagrados
De la felicidad del alma.

Quizá se piense, que uno está exento y la adversidad jamás llegará, pero está tan cerca, que, por su cercanía, difícilmente se ve. Cuando sobreviene, se debe aceptar sin aquel cuestionamiento del ¿Por qué a mí?

El tratar de buscar explicaciones donde no las hay; tan solo hace que el sufrir sea más intenso. Ocurre y así sucede, que el suceso más tormentoso, tan solo es la puerta para algo mejor, aunque a veces resulte difícil creerlo.

Todo comienzo tiene implícitamente un final; todo final es en sí mismo un inicio, toda compañía no es más que la presencia escondida de la soledad. Todo llega para después partir y su partida ¿Acaso también no es un retorno? Nada es perpetuo e inmutable. Por el contrario, todo cambia a cada instante; la eternidad, no es más que lo efímero en sí misma.

Pero ¿Quién está preparado para los cambios y más, cuando estos son inesperados? **Así como la adversidad, el triunfo llega sin avisar.**

Los sucesos de la vida ocurren encadenados por esa "magia" extraña, entre la "suerte" o "azar", es la única que justifica un suceso inesperado.

La vida en su constante viajar, trae y lleva, da vida y da muerte, pero nunca mantiene un móvil perpetuo; aún la roca en su dureza cada día cambia y se transforma.

Ahora, al leer estas líneas quizá en su alma se anide la angustia, la duda, el temor; ese miedo indescifrable, que le hace "sufrir" un aparente dolor temporal e inexistente.

Vienen los reclamos y los reproches de ese ¿Por qué a mí? No se admite que, en un instante, aquello que se tenía como una fantasía lejana, ahora es una realidad la cual, de una o de otra manera se tendrá que aceptar.

Todo ha cambiado: la agonía del alma sucumbe a la desesperación; la mente no acepta razones. Los consejos, las palabras, tan solo aumentan la desazón que irrumpe en el pensamiento, llenándolo de imágenes y recuerdos. Ahora, al mirar hacia atrás, se cree que era bueno, que tenía arreglo, que estaba bien; entonces ¿Por qué?

Quizá no existan respuestas lógicas para esas preguntas y aunque existieran, en su angustia no le permitiría comprenderlas.

Su alma está encerrada en su pensar; en su lástima ha encontrado un refugio, o una cámara de tortura diaria. En este instante habrá perdido todo el deseo de vivir; todas sus ilusiones están en el olvido.

Ya no quiere nada; quizá pase horas cerca de un teléfono en espera de una llamada que le devuelva la calma y cuando este repica, su corazón late lleno de fe, pero... Equivocación... La llamada no es la esperada. Se inicia el calvario de la mente, los recuerdos, el encierro, la desesperación y el dolor indescriptible.

La negación da cabida a un duelo del alma, todo es un obscuro panorama atrapado en la lúgubre nostalgia.

La fantasía de la mente se desbordó en pensamientos supuestos e imágenes que alteran su ser; las emociones son ahora de desesperanza y agonía, nada las calma. Se nubló el futuro y lo que se siente es irresistible... ¡Pero sabe! Eso que ahora siente, será por un tiempo. Ya pasará...

...Pues bien, este libro está en sus manos no por casualidad; eso no existe. Quizá a través de sus páginas encuentre, no el bálsamo para calmar su dolor, sino una reflexión, que le ayude a asimilar aquello que no se comprende.

Para iniciar, vamos a tener un diálogo. Le hablaré a través de estas líneas y por su parte, lo hará en su pensamiento. Medite en los diferentes apartes; reflexione, analice y concluya.

Las causas del dolor son diferentes para cada persona, pero en sí, la angustia y el sentimiento de vacío, es similar.

No sé cuál sea su sufrimiento personal, pero, alguna solución encontraremos. Si lo desea acompáñeme...

Le hablaré, pero estará en su intención si desea escucharme. Si así lo hace, le pido que, a pesar de su angustia, reflexione un poco en la lectura, deje su mente volar y analice su vida, relacionándola con lo que aquí describo.

Dejaremos que la fantasía de la imaginación inicie un viaje. Mis palabras van dirigidas a su alma, a lo profundo de su esencia; tendremos algo de ironía y quizá logremos robarle a su dolor una sonrisa.

Has vivido horas amargas, ¿Verdad? Las lágrimas abundan por estos días y la calma tan ansiada no llega, bien; eso es normal y no cambiará.

Al menos por ahora, tenemos una pequeña dificultad y hablo de que tenemos, porque aún en su soledad no se encuentra solo.

Una pregunta: ¿Vale realmente la pena lo que siente? En fin; ya lo veremos.

¿Qué horas son? Las dos de la madrugada, las diez de la mañana o las siete de la noche, no importa. Su pensar por estos días es constante; han pasado y pasarán noches sin que pueda conciliar el sueño, solo pensar y pensar, recordar y recordar, preguntándose una y otra vez ¿Por qué?

¿Dio mucho? Comúnmente así sucede: quien más da, es quien más aparentemente sufre. No piense que es injusto, algunos meses más adelante sabrá la razón.

¿Sabe? *"La mejor venganza... Es el olvido de toda venganza"* Así que aleje esos pensamientos destructivos, llenos de ira y rencor... Déjelos pasar. La confusión de su mente le hace pensar y sentir simultáneamente amor y odio, alegría y tristeza, fe y duda, recuerdos y olvido, soledad y una gran nostalgia, pero... aunque ahora no lo comprenda, "Todo pasará" volverá a sonreír, volverá a amar, volverá a tener fe en sí mismo. ¿De verdad, le gustaría que ocurriera lo que a veces en su dolor desea que suceda?

¿Cuánto lleva sufriendo? Un día, un mes, un año, diez, quince, ¿No cree que por un momento sería sensato que habláramos de ese dolor y esa agonía que se ha anidado en su corazón? Si así lo hacemos, cambiaremos el cristal oscuro con el que ve la vida, por otro más claro.

¡Espere!, No son las mismas palabras que escucha. Por qué no se da una oportunidad y me da una oportunidad de hablar con su dolor, al final de este libro quizá haya cambiado y tenga una nueva esperanza.

Tal vez siente miedo de enfrentarse a sí mismo, de verse realmente como está, sé que todos los que le rodean le critican o vienen por un instante y luego se van, sin que nadie comprenda su sufrir. Pero así debe ser, este es su "Dolor" y no el de los demás.

La idea no es parar; si no al contrario, comprenda que realmente está sufriendo y que su sufrimiento es real, pero que, a pesar de ello, el dolor y el sufrimiento se manejan y se controlan hasta que desaparezcan.

Que podemos criticar ¿Quién podría estar dentro de su sentir? Nadie, así que, aunque no quiera aceptarlo en esto está solo y solo podrá salir de su dolor. Voy a acompañarlo un poco, mostrándole aquello que, aunque existe, se niega ver, pero tendrá que descubrirlo, como no es fácil generalizar el sufrimiento, lo veremos por partes.

Algunos de estos apartes serán compatibles con su personal sufrimiento; otros tal vez no le interesen, pero le ayudaran a pensar que por estos días hay más personas tristes que sufren, que personas felices. El viejo adagio "mal de muchos, consuelo de todos" no está acorde a su sentir, pero es real. Existe en la humanidad demasiado sufrimiento y muy pocas alternativas de cambio, pero las hay, están aquí en este momento. En el interior de su ser están todas las opciones para transmutar lo que ahora siente.

Cuando el alma se acongoja, el pensamiento viaja al pasado, extrayendo de los recuerdos los momentos vividos convirtiéndolos en una tortura constante, al comparar el ayer con él presente, entre aquello que se tuvo y ya no se tiene, lo que fue, pero ya no es, el pensamiento cambia de polaridad sobrevienen la tristeza y la pérdida de la autoestima enmarcando la vida en un sentimiento de impotencia y frustración, los sucesos ocurridos cualesquiera que hayan sido no se aceptan.

El alma duele y duele mucho. Por ahora; tendrá que aceptarlo, y lo más importante asimilarlo ¿Sabe por qué? ¡Porque vive! y vale, vale mucho más de lo que imagina, vivirá hacia el mañana que inexorablemente llegará, no importa si por unos días pasa las noches en vela, el mañana es el horizonte hacia donde caminará, el ayer ya murió.

Pero al igual, puede seguir atrapado en el pasado, recordando y recordando el ayer, que, aunque haga lo que haga jamás volverá. El pasado está muerto, pero usted está vivo y tiene un futuro sin límites. Lo que pasó, pasó... Ahora... Está solo, llámelo como quiera, una prueba de la vida, un castigo, el asunto es que hay que superarlo para "volver" a vivir y debe empezar desde ahora.

Miremos el ayer, para asimilarlo, no se debe vivir en el pasado para continuar destruyéndose, nadie sabe lo que viene escondido en el mañana, tal vez esto que ahora vive sea el final de la tormenta y venga la verdadera felicidad, normalmente, los momentos de angustia anteceden al bienestar, el temor inicial pasará y con el tiempo comprenderá que esto que hoy vive es lo mejor para su vida.

¡AHORA!

Hablemos un instante. Permítame entrar en el umbral de su mente ¿Lo que está viviendo lo esperaba, o fue sin avisar? En este momento quizá suceda que el dolor que ha llegado a su alma haya avisado, aunque tal vez creyó que nunca iría a pasar y que todo podría ser una amenaza pasajera. Pero no fue así, llegó y en su gran mayoría viene sin avisar, nadie sabe cuándo los hilos de la vida se rompen y se queda sumido en el desconcierto sin saber qué hacer ni que pensar.

Se inicia la tormenta, así se haya anunciado es ya una tormenta, el impacto inicial nos toma de sorpresa, es allí donde se equivoca el camino entrando al mundo de la desesperación. Extrañamente, en ese instante Todo, absolutamente Todo pierde su valor, viene la lucha interior entre el aceptar o el sumirse en una esperanza que nunca se convierta en realidad.

Ante lo inesperado, la mente se polariza en lo negativo, todo es malo, todo es un problema, el corazón se oprime, vienen las lágrimas y las oraciones implorando que lo que pasó no hubiese pasado, pero pasó y no cambiará.

Los primeros momentos pasan sin asimilarse, no hay control sobre el pensamiento y se está cayendo en un abismo. "Nunca se esperó lo inesperado" y, sin embargo, llegó. Cuando se inicia la tormenta, ya no existe la calma, se da paso a la desesperación, si la tormenta permanece durante mucho tiempo, el dolor cada día será peor.

En la desesperación, el tiempo es relativo, durante las noches sin dormir las horas se alargan y parecen días o meses; el cansancio aumenta la angustia, se comienza a vivir un calvario, es la lucha en el pensamiento sin poder detener las imágenes que se amontonan sin control. Los recuerdos se agrupan simultáneamente, se confunden los sentimientos y se hace todo para destruirse y muy poco para superar el conflicto.

El auto interrogatorio es impresionante, se crean extraños monólogos alejándose de la realidad, las ilusiones se mueren de forma inmediata, se piensa en el suicidio como el analgésico, pareciera que el dolor nunca fuera a pasar. De una o de otra manera se desea la muerte, se renuncia a continuar con la vida, inútilmente se martiriza el pensamiento.

Esa no es la salida, en este momento es cuando se debe valorar la verdadera fuerza del espíritu, es cuando realmente se sabe qué clase de energía interior se posee, hay que continuar cueste lo que cueste. Esto que vive es pasajero y temporal hay que manejarlo y no permitir que la circunstancia lo maneje.

¿Se quedó solo verdad? Todo se oscureció de pronto, y aunque sea de día y el sol brille en todo su esplendor, solo mira la noche, la más oscura de las noches.

Miremos paso a paso como el sufrimiento y la angustia destruyen su fortaleza, lo que hasta hace unos días era una de sus virtudes; ahora es caos e incertidumbre, descubramos al dolor para combatirlo y no sucumbir a él.

Llega la adversidad escondida en alguno de sus disfraces: Una pérdida, una enfermedad, un accidente, una separación, un robo, se presenta de mil maneras diferentes alterándolo todo. Se descubre aterradamente que el alma duele y duele demasiado, lo peor, es que no existen calmantes, ni un bálsamo que la suavice, al contrario, cualquier intento lo único que hace es aumentarlo. Fuera de eso, uno se ayuda a que duela más, alimentándolo con los recuerdos, que, aunque no se quiera, aparecen sin control.

Hace su aparición una nueva personalidad llena de dolor y agonía; el mal genio o en su diferencia la anulación del diálogo, el encierro es la primera etapa, el aislarse del mundo, parece la fórmula para manejar la situación y eso es un error; al hacerlo la mente tiene todo el tiempo para atormentarse. Se pierden los valores reales, ante la inactividad, el tiempo se dilata de una manera impresionante, la mente abre el baúl del pasado extrayendo los recuerdos y extrañamente son los mejores, es como si una especie de masoquismo existiera en ese instante, se toman los mejores momentos para que el dolor sea más intenso. Ya no es el mismo, se pierde el interés por la vida y por lo personal, se sucumbe a la soledad, al abandono físico y mental. Las lágrimas son represas sin control que se desbordan a cada instante, se ha vuelto irritable, cree que todo lo que le rodea es culpable del indescriptible dolor; que ahora siente, sin encontrar un bálsamo que lo alivie.

Simultáneamente, aparecen ante las imágenes agradables los complejos de culpa aquello que se hizo "en contra" de la otra persona o de lo que está causando el dolor.

Se evalúan los acontecimientos, se siente culpable de la situación, es una manera extraña de la mente atraer los recuerdos hermosos y autoculparse sintiéndose que toda la responsabilidad fue de alguna equivocación. Se promulgan en ese momento absurdas expresiones "daría todo lo que tengo porque eso no hubiese pasado, o por volver a tener". Pero realmente se estará en condiciones de dar algo por lo que causa dolor.

La mente en su profundidad es incompresible e indefinible, llegando al punto de "amar" intensamente a aquello que más dolor produce, ante el martirio y el sufrimiento más se ama y más se extraña al verdugo que castiga tan cruelmente.

No importa lo que suceda ni el daño que causa, lo único que se desea es que este allí que vuelva. La "dignidad" se desvanece como la nieve en un día caluroso y se aceptan circunstancias y situaciones peores que el mismo sufrir a cambio de presencias y compañías, la humillación hace su aparición, la fortaleza se debilita, la voluntad da paso al deseo y en muchas ocasiones tan solo una llamada suaviza toda la angustia.

Pero muy pocas veces se domina la situación actuando con dignidad, autovalorándose y aumentando la autoestima.

Muy al contrario, todo sucumbe, se convierte en esclavo de los pensamientos y de los deseos externos, el conocimiento anterior, lo que se promulgaba perdió su valor y ahora cuando se vive, se considera el dolor más intenso del mundo.

Extrañamente cuanto más se le rechaza más se desea estar cerca. Las noches anteceden los días, largas y extensas como el invierno acompañadas de música nostálgica que aumentan la desesperación, la mente se refugia en el interior quedándose en el abandono. Extrañas imágenes creadas por la incertidumbre y la angustia se agolpan suponiendo verdades que no existen.

¿Puedo pedirle un favor? Quiere por un momento contemplarse en un espejo, ¿Cómo se ve? Se ha detenido por un momento a pensar que tan lejos se encuentra de sí mismo, cuanto hace que no se consiente un poco, se ha olvidado de sí por dedicarse exclusivamente a destruirse.

De acuerdo, el dolor a veces no permite la reflexión y mucho menos la acción.

Se anida en el alma por un suceso inesperado, cuando las alas de la libertad transportan el espíritu al mundo de la incertidumbre cerrando las puertas de la vida. Creando un infierno en la soledad del pensamiento, rompiendo las fronteras de la mente; anulando así las posibilidades de la vida, una vida que se convierte en un tormento diario, a cada momento, a cada instante. Se rompe el cristal que cubre el sutil pensamiento de la ilusión, y se desvanece como la bruma del amanecer cuando el sol la destruye, es del sufrimiento de donde nace el irreconciliable pensamiento de la ansiedad y el hastío. La mente se refugia en la extraña sensación de la desesperación impidiéndose vivir.

Sufre, ¿verdad? Comparto su dolor, en lo más profundo, como quisiera que en este momento que vive de incertidumbre, mis palabras fueran bálsamo para la herida de su alma, aunque no sé quién es, ¡lo intentaré!, regáleme unos minutos y permítame contarle una historia.

¿Está deprimido y triste? ¿Cuánto hace que no come? Lo invito a una cena, ¿No apetece una rica comida? ¿Qué es lo que más le gusta? ¡Qué rico!

Su cuerpo le agradecería el sabor agradable de ese manjar, así que dese gusto, los objetos y el alimento no tienen en definitiva la culpa de su sufrir, no se abandone en flagelarse sin motivo, prepárese a entrar a las próximas páginas; ***Vamos a encontrarnos cara a cara con el Dolor,*** voy a servirle de escudo y así lo enfrentaremos hasta derrotarlo ¿Le parece?

WICCA

ENCUENTRO CON EL DOLOR

No hay penas para un guerrero

... En un día cualquiera en una noche del ayer lejano, deambulando solitario por los caminos de la mente, me encontré cara a cara con el Dolor. Venía del norte, en medio del frío, cubierto con su hábito blanco. El extraño traje que cubría su cuerpo me recordó de alguna manera, a un viejo monje amigo mío que se convirtió en murciélago; a diferencia, el hábito de aquel monje era negro como la noche y el del Dolor, por el contrario, blanco como la nieve que cubre los montes más altos. Se apoderó junto con el invierno de la vida; todo se volvió triste y nostálgico. ¡Curioso encuentro!

Una vez más, el timonel que gobierna la nave de mi existencia me dirige al encuentro de la aventura del alma, en el inmenso mar de la mente y de la vida.

La imagen era extraña y enigmática: alto y bajo al mismo tiempo, obeso y delgado; de pie, allí, exactamente donde se produce el nacimiento de dos caminos que parecían salir de su espalda; él en la mitad, como un fantasma guardián que los custodiaba.

¿Será que mi timonel me lleva una vez más a las puertas de entrada del mundo interior? ¿Será otra vez el mundo de los acertijos, de las preguntas sin respuestas, pero en sí con todas las respuestas?

Me acerqué arrastrando los pies, temeroso de enfrentar y conocer al Dolor.

Mi corazón palpitaba con un ritmo acelerado, mi mente se confundió ante lo inesperado; sentí caer en un extraño sentimiento de temor, se paralizó mi cuerpo... las palabras quedaron atrapadas y mi alma se ahogó en el silencio.

Al acercarme, contemplé el brillo esplendoroso de su hábito: caía libremente, sin cintos que cubrieran o dejaran ver el contorno del cuerpo; más parecía que no tuviera, el capuchón parecía esconder el rostro "si es que había alguno".

Las mangas anchas y largas caían desganadas como si la tela hubiese cedido, colgando como frágiles cometas al viento, desgarradas al final como tirones. La campana del hábito descansaba sobre las piedrecillas de aquel final de un camino que se dividía en dos; él, de pie, firme, seguro, pero tan sutil, que infundía a la vez temor, respeto, admiración.

Una cadena cruzaba su pecho y atrapaba en uno de sus eslabones la aljaba hecha de la misma tela del hábito, la caperuza aparecía ante mí como un tercer camino; un túnel desconocido que inspiraba soledad y temor. Quise buscar su mirada, sus ojos, pero... Solo percibí esa infinita oscuridad que me estremeció.

El amanecer de la noche se hizo presente. Los árboles daban un toque fantasmal al encuentro, sabía que sería otra noche en vela; otra noche, donde la luz de la oscuridad aparecería... A medida que el crepúsculo invadía mi entorno, aquel ser comenzó a brillar como un lucero que refulge: cuanto más oscura es la noche más intenso es su brillo. ¡Qué imagen tan bella quedó grabada en mi mente al contemplar el Dolor en todo su esplendor... el guardián de los caminos de la vida!. El hábito se sacudió como si no hubiese nadie dentro de él, como si un fantasma fuera su dueño, se hizo el silencio; la música nostálgica de un extraño saxofón se escuchó como un lamento, un escalofrío recorrió lentamente todo mí ser, una voz que provenía de todas partes se dejó oír en mi pensamiento:

Algún día, en cualquier momento y cuando menos lo esperes tendrás que conocerme.

Para ti, ese día ha llegado; por un tiempo entraré a tu vida sin avisar: me sentaré en tu mesa, dormiré junto a ti, en tu mismo lecho, comeré de tu misma cena y veré lo mismo que tú ves; aún más... mi presencia irá acompañada de un sentimiento extraño, que lastimará tu mente llenándote de zozobra, angustia y desesperación: **¡probaré tu coraje para vivir!**

Sentirás que has llegado al final del camino y una sombra negra cubrirá tu mente, haciendo que tu alma se acongoje de dolor y tristeza. Entonces; te desesperarás y tu corazón palpitará más aprisa y tu alma dormirá en ese instante. Será como si la noche más oscura hubiese llegado a tu mente. Tendrás que armarte de decisión, perdón y amor para poder combatirme.

Nadie está preparado para recibir mi visita y estoy dispuesto a cumplirla; nadie alcanza la felicidad, sin haber sido visitado por el Dolor.

Un aroma se filtró entre la noche que ya cubría aquel encuentro, los dos caminos quedaron ocultos; la blancura se irradió en todo su esplendor; el perfume de la leña santificada al fuego venía de algún lugar... quizás allí estaba la nostalgia, tocando el saxofón con tristeza: las notas largas parecían el mismo llanto del Dolor; sus palabras abrieron en mi espíritu la puerta a la intranquilidad, acompañada de un sentimiento de miedo.

Busqué apoyo en aquel umbral, un claro en el prado me sirvió como la más suave y cómoda silla. Él, como una escultura fantasmal, se mantenía en la misma posición, el viento danzaba con los tirones del hábito, bailando la melodía del dolor que interpretaba la nostalgia.

Apoyé mi rostro sobre las manos algo cerradas y cambió mi perspectiva. Me asusté al mirarlo desde abajo...

Daba la impresión de ser terrible... Las mangas vacías se movían al viento como si quisieran atraparme y la caperuza, parecía una manta negra que amenazaba cubrirme.

41

La campana del hábito flotaba hacia mí como si quisiera alcanzarme, por un instante recordé la presencia de los espectros, cuando en sueños, persiguen a sus víctimas; comprendí que el Dolor ahora me atraparía.

Sonaron las cadenas... y miré... desde mi posición veía por debajo de la aljaba, escondidos, pendían cadenas, grilletes y eslabones interminables... me recordaron las cámaras de torturas, donde un elemento mostraba el terror de lo que allí iría a suceder.

Se inclinó de pronto para hablarme y la visión fantasmal se acrecentó, las mangas cayendo a mi lado... el capuchón como una red oscura, venía hacia mí; el cielo de la noche tachonado de estrellas, giró de pronto en torno de aquel fantasma... mis ojos se cerraron girando también en sus órbitas: sentí como la caperuza me atrapaba y sucumbí; sentí mi espíritu volar fuera de mi cuerpo, viajando al fondo de ese camino negro, dentro del hábito del Dolor.

Mi alma se fugó con él, sus ojos fueron mis ojos, su cuerpo ahora es mi cuerpo: él y yo, ahora uno solo, así conocería los misterios del dolor en un viaje del espíritu.

Fue algo agradable y extraño, estaba dentro del hábito; mis ojos estaban dentro de la caperuza y en un momento vi mi cuerpo desmayado e indefenso sobre el césped.

Duendes y hadas llegaron de todas partes, en forma de pequeñas luces, para cubrirlo con gasas, mientras mi alma viajaba a otro mundo...

Ya no veía el hábito... estaba dentro de él.

Sin peso, flotaba; me llevaría a un viaje del alma... pero no sería un viaje normal, sería entrar a la vida sin vida, a la angustia que vive cada ser, a la desesperación y la tragedia que se anida en el alma cuando la adversidad se hace presente, limitando la vida en la agonía del dolor. Se oscureció mi mente y como un torbellino de mil huracanes me llevó en su vientre, al mundo desconocido del Dolor.

Dentro del Dolor, sentí que flotaba ingrávido, de pronto... ingresamos a un torbellino de oscuridad y sombras, miles de sombras, quejidos y lamentos, sentí la energía del sufrimiento, una puerta a la dimensión real del sufrir... allí aterrado observé.

...El fuego era devastador; los lamentos se escuchaban por doquier: gritos de desesperación, seres como cadáveres se entrelazaban como serpientes tratando de calmar el dolor que les desgarraba el alma, sombras de mil tamaños revoloteaban por todo el lugar y a su paso, castigaban sin piedad los cuerpos que se despedazaban para volver a la normalidad y nuevamente ser destruidos.

Garfios vivos llegaban de todas partes y atravesaban la piel que se desgarraba, produciendo un dolor indescriptible; pero, la piel sanaba en un instante después de romperse, para ser castigada y desgarrada mil veces más.

¡De pronto! Mis manos guiadas por el Dolor desprendieron de la cadena un par de grilletes... un látigo de puntas afiladas salió de la aljaba: brazaletes de acero incandescente volaron; un cinturón de espinas también salió...

Me aterré; desesperado, quería correr... sentí miedo, sentí el peor de los terrores, comencé a gritar presa de pánico... quería escapar; no quería presenciar lo que vendría... no quería ser parte de ese cruel castigo...

percibía que sería testigo del verdugo que rompe la piel, para procurar el más intenso de los dolores.

Era ahora el cazador a punto de atrapar a la presa, nos agazapamos en un rincón, las mangas ya no eran blancas sino negras, de un negro mortal como las sombras de la noche, como el negro que cubre los ataúdes que han sido enterrados; los mangones se estiraron como tentáculos, sombras que rodearon un cuerpo: lo atraparon; sentí cómo lo envolvían y pensé en el ciervo que es atrapado por los anillos de la anaconda, en cómo se aprietan destruyendo la vida.

Los grilletes y las cadenas hirvientes aprisionaban las manos y los pies pegándolos a un muro; el cinto se apretaba lentamente, produciendo el dolor más intenso, los garfios llegaron y comenzaron su desgarradora tarea.

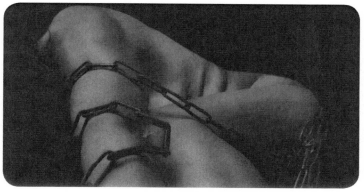

¿Qué es esto? Grité.

Odié en un segundo al Dolor y quise que el timonel de mi vida estuviera allí. Un tridente de dos puntas salió pegado a las mangas, el brillo del acero al rojo vivo iluminó el rostro de aquel pobre atrapado; una sombra lo tomó y lentamente, lo fue acercando a los ojos abiertos por los garfios, los cuales tiraban de los párpados, obligándolo a mirar como el acero se acercaba...

Yo... miraba desde la caperuza, no podía creerlo, un grito de desesperación sacudió el universo; todos los seres atrapados allí gritaron... oí la voz dentro de mí, que me decía:

Cuando alguien llega a este lugar, siente al mismo tiempo el dolor de cada uno, sumado al de los demás. Y los demás sienten ese nuevo dolor...

El ruido del acero hirviente, al penetrar destruyendo las pupilas, me hizo reaccionar; el tridente penetró lentamente quemándolos y todos los que allí estaban llevaron las manos a sus rostros sintiendo el mismo dolor. Un dolor tan terrible, que allí mi espíritu, lloró ante la desdicha de aquellos seres... lo que uno sentía, lo sentían todos.

Acongojado, le imploré que cesara; le supliqué que ya no más, que lo dejara libre; la sombra retiró el tridente, los garfios se liberaron y los ojos volvieron a aparecer como si no les hubiese pasado nada... la piel nuevamente quedó intacta: el sufrimiento de un momento sería el sufrimiento por toda la eternidad.

No, No, No por favor...

Grité mil veces, mis manos atrapadas en el hábito sacaron de la aljaba un tridente similar, pero ahora eran espinas incandescentes, que quedarían para siempre enterradas en las cuencas de los ojos, para siempre la mirada de aquel ser sería de dolor y sufrimiento por toda la eternidad.

Eran las semillas de la peor de las torturas, allí crecerían por la eternidad y simultáneamente en los ojos de todos los que allí estaban y de quienes llegarán.

Así, cada vez que alguien nuevo llegaba, hombre, mujer o niño, así mismo se acumulaba el dolor en cada uno. Cada segundo aquellos infelices gritaban desesperados... Un instante de alivio por horas y horas de agonía y sufrimiento.

Estaba en el infierno, donde los actos de cada ser se convierten en tormentos eternos; no deseaba seguir ya que mi alma, no aceptaba el sufrimiento como expiación de los errores.

Él me dijo:

Se ha perturbado tu espíritu; ven... quiero que veas a alguien...

El espectáculo era dantesco: enterrada hasta la cintura entre una roca que destruía a cada segundo sus piernas, había una mujer muy hermosa, desnuda; su cuerpo tan solo estaba bien por un segundo y al siguiente, era destruido con los peores martirios, desgarrándolo mil veces, la piedra como si estuviese viva, palpitaba, a un ritmo lento, liberaba su presión por un minuto para luego, lentamente apretar hasta romper los huesos. En un instante acumulaba los nuevos sufrimientos inventados por el Dolor, oí la voz, una vez más, en un idioma de lamentos.

Llamó a las sombras, sus verdugos y entendí lo que les dijo:

Quitadle al siguiente que llegue toda la piel y luego ponedla de nuevo; para volverla a quitar, así todos los anteriores sentirán lo mismo y mucho más.

Esta, señalando a la mujer atrapada en la roca que imploraba clemencia, jamás terminará con su castigo y ahora, por cada ser que llegue aquí, vivirás mil veces más el dolor, por la eternidad de las eternidades, todos, todos…

Las mangas del hábito flotaron sobre todas las cabezas como sables enfurecidos.

Todos, vivirán un millón de millones más de dolor.

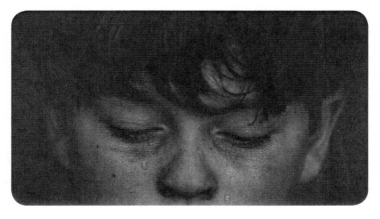

Les habló a las sombras:

Cuando destruyáis la carne, dejadles tres minutos de reposo y luego volved con más dolor; aumentad mil veces el anterior, así por toda la eternidad...

Veía asombrado lo que pasaba, no entendía lo que sucedía y comencé a llorar. Atrapado en el hábito, lloraba de lástima ante aquel castigo inmisericorde; supliqué una vez más, pero por cada súplica mía, el castigo para todos aumentaba; sentí piedad, pero allí, esta no existía; solo había condena y el peor sufrimiento por las eternidades.

Las sombras gritaron: "vienen más" él se desesperó y como un huracán furioso, sacó de la aljaba un látigo con un filo tan profundo que podía cortar el aire, mil castigos para los que llegaban.

Fustigadle como os ordené y hacedles ver a todos, las imágenes de lo que sus actos han provocado.

Los gritos, los lamentos, tomaban vida en aquel lugar. sed... dolor... pánico; un instante de calma, para sentir nuevamente un dolor mil veces más profundo que el anterior.

Ya no resistí y sentí que viajaba por un túnel negro, él y yo unidos, no lo podía aceptar; me preguntaba cuál fue el acto tan terrible que cometieron para merecer semejante castigo.

El Dolor me dijo: *Ven y lo sabrás.*

Aparecimos en otra época, una casa sembrada en un bello paisaje emulaba un cuento de hadas, árboles florecidos emanaban el aroma de la vida, entramos como fantasmas, como una sombra, sin ser vistos; en aquel recinto, un chico rubio, de cabellos rizados, miraba hacia el vacío mientras las lágrimas rodaban por sus mejillas; debía tener doce o trece años.

El dolor de su espíritu se reflejaba en su tierno rostro; gemía y se sentía en el ambiente la presencia de una gran tristeza, lo contemplé queriendo sanar la herida de su alma... duele tanto ver a alguien cuando las lágrimas ruedan sin control y sin llanto: es como si el alma se escapará en las pequeñas gotas.

¿Por qué te ensañas con él? ¿Por qué lo lastimas? Ya... no quiero conocerte.

Le pedí llorando que me dejara partir.

Aquel chico sin lamentarse y sin ahogarse, dejaba escapar las lágrimas, del peor de los dolores, era el espíritu que lloraba... No lo podía soportar; mi alma también lloraba y mis lágrimas rodaban hasta caer en la aljaba.

Me estremecí... las mangas flotaron, pero ya no eran negras sino blancas y brillantes; se acercaron a mi rostro y comprendí que, ante aquel sufrimiento, el Dolor también lloraba.

Ese dolor no es mío.

Dijo con voz entrecortada por el llanto, las lágrimas del Dolor también cayeron en la aljaba… ahora sabía de donde sacaba los grilletes y cadenas.

Cálmalo por favor... le dije.

Jamás se podrá calmar; hoy se enteró, que su madre se suicidó después de tenerlo, no lo quería.

Una mano extraña salió de las mangas del hábito y acarició aquellos rizos como si fuera la madre que aquel chico no tenía, tratando en algo de calmar un sufrimiento que jamás pasará.

Los suicidas producen por su mano tanto sufrimiento, que después así se arrepientan, no lo podrán calmar jamás, son los actos de los hombres convertidos en punzones candentes, que viven por siempre clavados en los ojos de los que se quedan; los pensamientos de lo incomprensible, que se convierten en látigos que cortan el mismo pensamiento.

Familias destruidas por el recuerdo de aquel que osa quitarse la vida para escapar a la felicidad, que sin duda algún día vendrá; no has visto más, que el dolor de cada en el que sucumbe cuando impotente, ve a otro suicidarse.

Nadie ve el corazón de la madre, que se fragmenta cuando el hijo muere; nadie se detiene a pensar el daño que causa el suicido, atrapando a familias enteras por generaciones a los muros de la incertidumbre y la desesperación, pero...

sin embargo, todos desean escapar al dolor de su espíritu en la muerte... Sabes cómo queman las lágrimas... Son peores que tridentes candentes... Sabes cómo se desgarra la piel del alma... Ya lo conocerás.

Aquello que viste no es el cuerpo que se destroza para luego sanarse y volver a destruirse, eso que viste es el alma de quienes viven con el sufrimiento diario de una pena o una desdicha causada por otros, son las lágrimas de un dolor indescriptible, son los garfios candentes que quedan para siempre en los ojos del alma.

En un rincón de aquella habitación, como si una puerta mágica comunicara con otro mundo, la misma mujer desnuda, enterrada hasta las rodillas, contemplaba a su hijo sin poder hacer nada para aliviarlo, ni para aliviarse; aún ahí pude oír los gritos de ese otro dolor y no sé por qué deseé que fuese más.

¿Por qué lo abandonó? ¿Cómo será el dolor de la eternidad, al contemplar la continuidad de la vida sin poderla vivir? Los suicidas jamás tendrán paz, cuál es el bálsamo que se aplica en el alma de quienes siguen vivos, con el fatal recuerdo de quienes se destruyen; cómo calmar la amargura del recuerdo atrapado en un por qué, sin sentido, sin razón, sin lógica; cuántas personas hoy están viviendo la intensidad de un sufrimiento silencioso, cuando lo que amaban, se destruyó a sí mismo.

Ahora entendía; el infierno que se esconde en tantos corazones cuando los pensamientos se ahogan y las palabras no fluyen. A quién se le contaría de ese desierto árido que está en el alma. ¿Por qué? ¿Por qué se abandona el mundo, de esa manera?

Hay momentos de la vida en que se pierde el autocontrol y se cae en el abismo de la desesperación; es entonces cuando el perdón, el amor y la decisión abandonan el espíritu y se sucumbe en el peor de los abismos. Por escapar de un sufrimiento, se cae en otro, que aumenta por la eternidad; por cada ser que se suicida, le siguen miles, generando más dolor en la humanidad, en aquellos que inocentes se quedan con el vacío y con miles de preguntas sin la oportunidad de ninguna respuesta.

El suicida, en su angustia, desea escapar de aquel sentimiento que se oculta en su espíritu sin poderlo controlar; cae en la agonía constante, se aísla del mundo de las alternativas, crea a cada segundo su infierno, olvidando de hecho, que es un ser vivo, que tiene todas las posibilidades de cambiar y mejorar su existencia, si tuviera voluntad, disciplina y constancia y si realmente quisiera vivir.

Pero... ¿Qué hacer ante la desesperación?

La serenidad, es el arte de calmar los pensamientos monstruosos que se levantan cuando algo sale mal y ocurre normalmente, que antes de la felicidad hay algo de dolor; es como el bebé al llegar a la vida en el momento del parto: la madre sufre, pero es un sufrimiento de amor y felicidad; el bebé también siente el dolor, pero es el inicio de la vida. Todos los dolores contienen el camino de la felicidad, pero si no se maneja, la desesperación arrastrará la mente a la locura.

Hay que controlar las emociones, aprender a asimilar las situaciones a medida que llegan, para evitar que el espíritu se derrumbe. Si tu mente pierde el control ¿Cómo la volverías a controlar? Qué mente usarías para ello...

Viajamos en el tiempo y me mostró el dolor: miles de disfraces lo cubren, pero en definitiva es el mismo de diferente forma, una pérdida, una relación que fracasa, una enfermedad, el engaño, la traición, lo inesperado, la muerte, todo esto produce dolor; el mismo y viejo amigo Dolor; diferente disfraz, pero el mismo en esencia. Mientras flotábamos en un espacio sin tiempo, lo oí murmurar.

La vida de cada ser es una colmena de oportunidades, un enjambre de caminos y alternativas; ante la dificultad, siempre hay una salida.

¿Crees que me gusta producir dolor? ¡No!, Pero... Es la tormenta que antecede a la calma, si cada ser detuviera su andar por un momento y ante la adversidad contemplará los dos caminos que se abren, podría ver que, ese aparente sufrimiento se convierte en la felicidad tan deseada.

El dolor del alma es a veces irreconciliable, como el del chico que viste y por ello quien lo produce aumentará sobre sí, su castigo multiplicándolo: por cada sufrimiento que causes, atraerás mil sufrimientos, por mil veces más.

El ser que permite que el sufrir y el dolor le hagan presa y sucumbe al abismo sin hacer nada por cambiar, caerá en el sufrimiento. ¡Hay tantos seres que encuentran una felicidad aparente causando dolor! están quienes martirizan física y mentalmente a sus hermanos, destruyendo el cristal delicado del amor con engaños y traiciones; aquellos que, por su bienestar o su aparente felicidad, someten a otros a un infierno peor del que viven, en esclavitud y destrucción mental y física.

Cuántos, por el deseo del poder y codicia someten a la peor de las torturas a quienes les rodean: las del espíritu. El borracho, que en su inconciencia llega ebrio al hogar maltratando y lastimando a quienes allí habitan.

Pedías clemencia ante el castigo de los suicidas... pero qué pides para aquellos que mutilan a los seres que aman, clavando a cada instante el garfio de los pensamientos destructivos del reproche...

Cuál es el castigo justo para el hombre o la mujer, que fuertes en tamaño, descargan el golpe brutal en el cuerpo tierno e indefenso del niño, destruyendo no solo su pequeña piel, si no sembrando en su alma semillas de violencia y dolor. ¿No ves que ese niño golpeado, dará cuando adulto la misma semilla de dolor que se anida en su alma?

¿Dime, cuál es el castigo para semejante dolor tan atroz? ¿Cuál es para el hombre y la mujer, que tomando un indefenso lo torturan hasta matarlo?

Se te olvida que hay muertes tan violentas que fragmentan el espíritu, entonces ¿Quienes son peores: mis sombras o el hombre que con conciencia mata y destruye?

Cuál es el castigo para el asesino que escondido, espera a su víctima para robarle la vida y, por ende, enviar la familia a la desgracia.

¿Cuál debe ser el castigo que se le pueda aplicar al empresario, que en su grandeza destruye en sus colaboradores las oportunidades, humillando y obligando por creer que les paga un salario? ¿Cuál es el apoyo que les brinda? Sometiendo sus mentes, al obligarlos a trabajar más allá del cansancio para poder enriquecer sus arcas. Ves cuantos elementos se guardan en la aljaba y cómo cada ser posee una y la usa sin causa.

Has visto el rostro compungido de quien ha sido engañado y traicionado; has visto como la confianza es destruida en la mentira, cuando se esconden las verdades y se piensa en el engaño. Si supieras cuántos seres actúan hipócritamente para obtener beneficio, destruyendo la lealtad, sin importarles fingir al decir que aman, mientras que a hurtadillas traicionan el amor, aprovechando cada oportunidad... y juran tener la conciencia limpia y tranquila.

¿Cómo ese dolor que se produce puede quedar sin castigo? Ese, quizá, es el peor elemento de la aljaba: el engaño

y la traición. Son garfios de promesas y mentiras que destruyen y sanan, para volver a destruir con más cizaña, hasta que viene el golpe fatal de una sinceridad obligada, donde se reconoce el engaño ¿No crees que es un dolor terrible?

Cuántas vidas sucumben a la desgracia, cuando descubren que han sido engañados; al comprender que mil veces mil, que les quitaron la piel de la fe, para volverla a colocar en una mentira constante.

El amor caminante de la noche: es el cristal mágico del pensamiento que sostiene la vida y la esperanza, se destruye con la mentira y arrastra al infierno de la desesperación, con la traición. ¿Te sorprendiste al ver el sufrimiento de los suicidas? Deberías ver el peor infierno, que calcina la ilusión de aquellos que han sido traicionados, de aquellos que pierden su vida en el recuerdo de un amor lejano, que ya no les pertenece.

Ese infierno es nada, comparado con el que vivirá quién miente y engaña; construirá con besos y caricias de traición su propia aljaba para usarla en su contra.
Cuando el tiempo haya pasado y la mente cubra con el olvido los actos del engaño, yo... llegaré en la noche sin ser

visto y como sombra descubriré el velo de la verdad; las sombras del dolor clavarán los garfios de la traición. Seré en el silencio de la noche, la conciencia; te enfrentaré contigo mismo y valorarás tus actos y allí, en soledad silenciosa de una noche, nos encontraremos, frente a frente.

Entonces, te darás cuenta aterradamente, que sembraste dolor con el engaño, la mentira y la traición y ahora, ha llegado el momento de la cosecha: eso, exactamente multiplicado por mil veces mil, eso cosecharás.

*Hay en el ser, un concepto extraordinariamente banal; se llega a creer que los actos de traición y engaño nadie los sabrá, que permanecerán ocultos para siempre, sabes... Realmente nadie, absolutamente nadie, engaña ni traiciona a nadie; hay algo aún peor: **"se traiciona y se engaña a sí mismo".***

Puede que tus secretos no los conozca nadie; es suficiente que los conozcas tú y así llegará, tarde o temprano, el día que deberás enfrentarte con tu conciencia en la intimidad de la noche, es preferible que sea temprano: cuanto más pase el tiempo, más grande será mi presencia en tu vida.

Cuida tu ser interior como lo más valioso; sé sincero contigo mismo, se transparente como el agua recién nacida del rocío, sé limpio de corazón; escucha: antes de engañarte y de lastimar a otros, aléjate a tu interior, tómate un tiempo y luego si es tu deseo, actúa limpiamente.

Antes de engañar, antes de traicionar al amor, al tuyo y al de otro, piensa bien: "quien engaña una vez, seguirá engañando" ... sé sincero. En la mente de cada cual existe un infierno de tortura y dolor que se calma por un instante, para luego volverse a destruir. Si pudieras ver el dolor de la mujer o del hombre engañado, la lucha que se desencadena en su mente, mientras la noche se vuelve eterna y los pensamientos destruyen la esperanza de la vida; si pudieras viajar a cada mente, comprenderías el dolor insoportable que causa la traición. No es mi infierno, sino el infierno creado por los actos de cada cual; cuídate de ser tu quien abra las puertas del fuego de la desesperación en otro.

¿Has visto el rostro desencajado del preso que inocente paga una condena, por la traición de sus amigos?

¿Has visto al desvalido ser arrojado a la calle, mientras su familia goza de sus bienes?

O qué me dices de la prostituta que noche a noche vende su cuerpo para vivir, empujada por el hombre que compra su dolor en un rato de sexo que mutila el alma.
La aljaba no tiene límites para el dolor que el ser, le causa al ser: por cada lágrima que cae en su interior, los seres inventan miles por miles, de formas nuevas de causarlo...

El Dolor, miró en la profundidad del alma, se hizo un silencio como si el sufrimiento de la humanidad se mezclara en un segundo, atrapado dentro del hábito, oía hablar a mi amigo; quién más que él, conocía del dolor y, sin embargo, en su voz había sorpresa al descubrir que, en cada ser, las aljabas de otro dolor son usadas cada segundo sin razón ni causa.

El suicida está muerto y ha cometido el acto más contradictorio de la vida: causarse la muerte y curioso: la gran mayoría de suicidas han muerto por banalidades y el sufrimiento que generan es eterno, por generaciones pasa el estigma del suicida, formando cadenas de más dolor.

Una vez alguno de su descendencia se enfrenta con la dificultad, viene el recuerdo de la solución absurda de su antepasado y se suicida; por eso el acto del suicido, multiplica el sufrimiento de lo que se desea escapar.

Ahora pienso en mi timonel; sabía la cita que debía cumplir con el Dolor para comprender el dolor.

Por un instante muchos dolores que he vivido me parecieron ridículos y sin sentido; si realmente alguien supiera lo que es sufrir... Debería asomarse junto con el Dolor y viajar al interior de las mentes de la madre, del padre que sufren viendo a sus hijos caer en los vicios, del preso, del asesino, de la víctima, del enfermo, de la prostituta, del anciano que mendiga y muere de frío, del niño mutilado, del niño que sin piernas, quiere jugar con el balón... Dolor, quién, quién de verdad puede hablar del dolor y sin embargo todos nos quejamos del dolor...

Quién siente el dolor de la prostituta, que al igual que el mutilado quiere abrasar por un momento el amor, pero no le han dejado brazos ni manos para acariciar, porque alguien se las amputó en un beso.

Confundido en el interior de este raído hábito, comprendo ahora que la vida, la vida, es más que solamente vivir, que el dolor, es la manera como despierta el espíritu al amor en uno y en los demás; si cada cual hiciera lo diferente, en lugar de causarlo; si en lugar de matar diera la vida, en lugar de engañar fuera leal; en lugar destruir construyera; en lugar de mentir, que la verdad fuera su baluarte; así, en lugar del dolor que acrecienta, multiplicaríamos el amor y encontraríamos la felicidad.

Ahora, no sé, si mis súplicas son para los suicidas ya muertos o para los seres vivos que mueren y resucitan cada segundo, para ser nuevamente sometidos al castigo, en una agonía constante...

El hábito flotó como un fantasma; mi amigo en un ritual extraño y confuso se dedicaba a la tarea de tomar las lágrimas y esconderlas en el fondo de la aljaba.

Me atreví a indagar: ¿Solo la usas con los suicidas?

No... replicó; las uso a diario, a veces se necesita del dolor para que los seres encuentren la felicidad: una pérdida trae consigo la abundancia, todo aquello que se considera trágico es el estigma del bienestar, cuando vienen los momentos difíciles, el espíritu que duerme en cada ser

se despierta para buscar nuevas metas y alternativas, para descubrir que en el fondo se poseen capacidades que afloran cuando el dolor en cualquiera de sus disfraces se hace presente.

Después de un suceso de aparente sufrimiento, el tiempo y la decisión constante se transforman en felicidad.

Pero la mente se mantiene anclada en el dolor; al parecer a los seres les agrada no la felicidad sino el sufrimiento.

Disfrutan sacando de sus aljabas sus lágrimas convertidas en elementos de tortura; la llenan de agonía y reparten dolor, en lugar de depositar en ella sonrisas de esperanza, en lugar de depositar en ella lágrimas de alegría; así cuando la usen y saquen los secretos escondidos en su interior, serán portadores de esperanza, de amor, de alegría. Serán una fuente inagotable y multiplicadora de amor, en el que dan y en el que reciben.

Hay un elemento extraño: la libertad. Lleva a cada ser por dos caminos, dos alternativas que aparecen ante cada situación; es de cada cual, el camino que siga, este es el punto crítico del ser, saber por dónde continuar: o bien se llega a un cielo o bien se cae en un infierno.

Dos caminos, como aquellos; donde reposa tu cuerpo cuidado por las aliadas de la felicidad, las hadas y los duendes, que al igual que mis sombras cumplen con amor su tarea y podrás pensar: ¿Cómo mis sombras tienen amor? Porque aún el impartir y causar dolor debe ser hecho con amor... ven, voy a mostrarte.

Como un fantasma, aparecí en una estancia bellamente decorada: cascadas de luz descendían formando remolinos de colores, nubes y gasas, cual carruajes movidos por amor, pasaban muy cerca; no había un arriba ni un abajo, hacia cualquier parte que se mirara era igual arriba que abajo, un lado u otro; flotamos hacia una nube que brillaba en rayos de música; era ver la música, quizá esta expresión es difícil de comprender, pero era eso: ver la armonía de la música, al entrar en una paz que no puedo describir, si creyera que el cielo y el infierno existen, pensaría que este es cielo. ¿Estamos en el cielo?

*No existen el cielo ni el infierno; aunque existen en la mente de cada cual, no son lugares sino sentimientos y de acuerdo con los actos, se vive en un cielo o en un infierno; aquí estamos en el **Gulf**. (El lugar donde nacen las almas que vienen al mundo)*

Al entrar, contemplé un mundo de gasas que se desplazaban, no tenían forma; eran como el vapor, pero más condensadas, el Dolor me dijo:

Son las almas de los niños que nacerán; cuando una pareja se conoce, uno o varios de ellos se alistan para viajar, cuando hay una chispa de luz de amor entre dos seres, se comulgan una cantidad de sucesos y hay almas para todas las parejas.

Pasamos por una especie de flor de luz que giraba como un palpitar, se hundía para volver a salir, como una nube que constantemente gira a su alrededor.

En su centro, un túnel profundo como un foso negro, una especie de abismo y supuse a donde iría; vamos, allá replicó:

Sentí frío, un frío que atravesó mi espíritu, asomándome, caímos al fondo; nos detuvimos en una especie de terraza y allí muchas gasas, pero con forma de cuerpo (algo así como niños y niñas pero transparentes) quedé petrificado.

No podía darle sentido a lo que veía, aquellos seres al asomarse al abismo se transformaban en sombras negras como la noche... ¿Ellos son las sombras? ¡Niños!

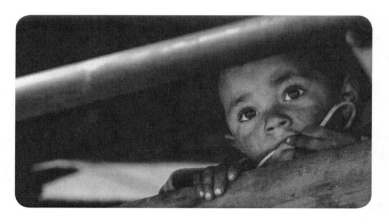

Así es; son las almas de los niños asesinados, que no pueden liberarse del mundo terrenal hasta que llegue el día en que ellos después de haber vivido, debían morir, solo ese día volverán a ser libres.

Cuando un niño es asesinado, violado, ultrajado, destruido, cuando un niño en su inocencia es agredido y su alma y espíritu fragmentado, su dolor es tan indescriptible después de su trágica muerte, se convierte en mis sombras aliadas para infligir el más intenso de los dolores, no los mueve la venganza ni el odio, los mueve el amor.

No solamente les aplican el castigo a los suicidas; ese es el dolor más intenso, hay que aplicar otros dolores y ellos lo hacen con amor: mira, ellos producen un accidente en una familia y el primer pensamiento será de desgracia, pero ellos saben que, por ese suceso, la familia se unirá más, se respetará la vida, vendrán más almas al mundo y así, miles de miles de sucesos, se generan ante el dolor.

Deberás entender que el dolor no es malo; por el contrario, es una alternativa de cambio en cada ser y las manos que aplican el dolor son inocentes; no saben del dolor sino del amor y así actúan; no ven el dolor como tal, sino el fruto de ese aparente dolor.

¿Pero... Las que castigan los suicidas?

El silencio fue sepulcral... las sombras que allí estaban bajaron la cabeza, tristes; él suspiró, no quería responder, pero insistí; dime:

¿Esas sombras son almas que castigan, por qué?

Ellos, al igual que sus padres, jamás volverán a vivir... No entiendo... Tú me estás enseñando sobre el dolor y ellos que no son suicidas, jamás volverán a vivir ¿por

qué? Ellos son los hijos de mujeres que se suicidaron antes que nacieran...

Te dije que cada alma aquí en el Gulf tiene una misión en la tierra; la misión de algunas de ellas es unirse a otra, para así permitir que un alma especial, cumpla una misión especial.

Digamos que esa primera alma, debe preparar el camino de la segunda; entonces a las dos se les prepara y ya no son dos, si no una sola, unidas por la misma causa. Si la primera se autoelimina simultáneamente elimina a la segunda, pero eso no es justo ¿Tú qué sabes de la justicia? Dijo tristemente.

La vida tiene causas que nadie conoce y se confunden con lo injusto, si el eslabón de una cadena se rompe la cadena como tal, se echa a perder. Estas almas no vivirán. Cuántas mujeres crees tú, se suicidan estando embarazadas, ¿Eso es justo? Disponer de otra vida; debes esperar un tiempo más para comprenderlo.

Las sombras, son las almas de los seres que de una u otra manera se les ha imposibilitado que cumplan la misión

y si una misión falla, se rompe la cadena y allí ya no hay manera de arreglarla.

Quien ampute una vida vendrá al lugar del tormento a valorar su acto, caminará por alguno de los dos caminos y tendrá como compañía dolor o felicidad.

Ninguna sombra usa la venganza; no conocen otro sentimiento sino el amor y antes que un ser sea condenado con el dolor eterno, él mismo juzgará su acto y el mismo elegirá el camino, hay almas que deben dar la vida para que otro, viva.

Eso también es suicidio, solo que la intención es diferente: el uno a sabiendas que va a morir da su vida, lo hace por amor para que otro pueda vivir; pero hay otros que se suicidan por huir de la vida. Antes de la tortura eterna, cada uno valorará su acto y la intención de este. De acuerdo con su juicio, caminarán cualquiera de los dos caminos.

La libertad es el elemento que poseen las almas que salen del Gulf; así cumplen su misión de acuerdo con su conocimiento: es en la libertad, donde los seres alimentan su aljaba con felicidad o con dolor.

Más la misteriosa libertad tiene caminos que conducen a los abismos del sufrimiento; hay que enseñar a caminar, la vida viaja constantemente hacia el arte eterno de la creación y allí el dolor es el regulador de la libertad, permitiendo que cada alma aún la tuya, cumpla con su misión.

Así que, ante un dolor aparente, hay que pensar en lo que viene posteriormente y saberlo esperar, es elegir el mejor camino, serenando el espíritu y permitiendo que el tiempo transcurra para que el alma quede en paz; de esta manera, se verá en el interior del pensamiento, al maestro que todos poseemos y se encontrará la sabiduría necesaria para conducir la vida a través de la libertad hacia el mejor camino.

Aunque suele suceder que, en aras de la libertad, se tome el camino equivocado arrastrando al más profundo de los abismos. La libertad es un extraño refugio donde esconderse, para justificar el martirio y la desesperación, el concepto de ser libre lleva a someter, destruir y matar con la creencia de que la libertad no tiene límites y así es; más… si en tu libertad tus actos te llevan a crear dolor, vivirás después ese mismo dolor. Ten en cuenta que la libertad termina en tu piel: eres libre de hacer contigo lo que desees, pero piensa en las consecuencias de tus actos.

De igual manera el ser es libre de elegir cada situación, de vivir en el dolor o en la felicidad, son en definitiva los pensamientos, los que guían hacia lo uno o hacia lo otro y los actos conducen el alma, al mundo que se haya deseado.

La libertad en el pensamiento no tiene límites, eres tú quien evalúa el dolor y lo superas con amor, con decisión, con perdón.

Las mangas del hábito flotaron, sentí en mi esencia caer a otro mundo a otro universo sumergido en el dolor y con el Dolor, cada instante que pasaba veía como mi concepto iba cambiando... El túnel apareció, nuevamente ante mis ojos escondidos en el hábito, las luces aparecieron y volví al instante, antes del instante; en la vida hay dos caminos, existen dos alternativas simultáneas y así como la libertad es una sola, se viaja por el camino que se ha elegido.

Él, comenzó a hablar en mi mente, a explicarme en donde realmente, se esconde la felicidad del dolor: *el camino que elijas te conduce a la felicidad o al dolor y sabes, las personas en su gran mayoría actúan de manera precipitada, sin medir sus actos, construyendo con sus pensamientos mundos de dolor; los dos caminos existen simultáneamente en cada ser y cada ser elige cuál quiere caminar.*

El pensar constante ante la adversidad, las noches eternas que se acumulan pensando en el último suceso, la destrucción del bienestar transformándolo en malestar. Poco o nula es la capacidad de autocontrol que se posee, mira: cuando un suceso aparente altera el espíritu se producen cambios en la actitud; es entonces cuando el dolor hace su aparición.

Me encontraste entre dos caminos; al igual el hombre los encuentra, ante una situación inesperada; la mente comienza a generar extraños pensamientos o bien hacia el manejo de la situación superando el dolor y ganándole con los actos de amor y comprensión o bien aumentando la desesperación en actos sin control que terminarán siendo destructivos. Es por eso por lo que debes tener presente que la decisión es el arma que supera el dolor. Cuando creas que las cosas salen mal, cuando pierdes un amor, cuando pierdes el trabajo, cuando un día te quedas sin nada, o cuando tu vida cae en el remolino de una serie de sucesos que alteran el espíritu. Cuando la muerte golpea silenciosa la puerta de tu casa o el ladrón escondido en la noche toma para sí el fruto de tu trabajo o cuando la traición y el engaño aparezcan en quien ames; es cuando sentirás el dolor más intenso y la desesperación cubrirá tu mente llevándote al abismo de la duda y de la angustia.

Las noches pasarás en vela; te cuestionarás día a día haciéndote la misma pregunta, pero sin obtener respuesta ¿Por qué a mí? ¿Por qué? No harás nada para salir de tu lástima y lamentándote, profesarás absurdos pensamientos... Hasta querrás suicidarte.

Ven, vamos a mirar de cerca las noches crueles del dolor creado no por mí, sino por los pensamientos a veces tontos vanos y sin sentido, en las mentes que sucumben a su dolor en la intimidad de su pensamiento.

¿Ahora qué? Pensé; a dónde irá mi espíritu en este viaje a las entrañas del Dolor; cuántas veces he dudado ante los dolores pasajeros que cubren la vida en el silencio de los amaneceres; cuántas veces interrogué al destino, preguntando por qué la muerte se atraviesa en el camino de la vida. Ahora, rompiendo la intimidad del espíritu y del pensamiento de algún ser, entraría en la casa de la mente a buscar los diferentes caminos que se recorren en aras de la libertad.

El silencio de mi pensamiento se rompió al oír la misma voz, mientras mi espíritu sin control, atrapado en el hábito viajaba a otra mente.

Las alas del pensamiento llegan a conducirnos al fracaso total por la incertidumbre creada en la vida y la soledad es el mejor aliado del dolor, ven y mira:

En algún lugar que no reconocí, un ser se debatía entre la lucha de su pensamiento y la desazón del corazón.

El Dolor me mostró lo que nunca se ve: el abandono mental va lentamente produciendo el abandono físico, se corroe la vida, cuando ante la adversidad se deja de actuar.

Aquel ser ante la situación difícil, sin importar cuál fuera, se derrumbó como un castillo de naipes, optó por el encierro, por la no vida, pasando horas y horas en la más profunda melancolía mientras en su mente dibujaba historias de tragedia que aumentaban su insatisfacción; dándole rienda suelta a la imaginación, veía transcurrir sucesos incoherentes llevando su espíritu al borde del abismo negro de la desesperación.

Después del suceso, la mente de aquel ser buscó refugio en su interior aislándose de todo, encerrándose en sus pensamientos, dejando de actuar, convirtiéndose en la causa que generó el abandono, la mirada triste y pérdida, el cabello en desdén, al igual que su habitación reflejaba el sentir de aquella alma a la que no le importaba nada; solo deseaba la muerte como el único remedio para aliviar la tragedia de su vida.

Él dijo: que vacía es la mente y que débil es el espíritu cuando se enfrenta la dificultad. Hay personas que sufren

por nada, hay seres que, aunque vivos se convierten en muertos vivientes sin luz ni esperanza.

Cuando se anida la desolación en el alma, se limitan los pensamientos y se encierra el espíritu en la oscuridad; cuántos seres ahora, en este instante, ante la adversidad, consideran la vida como el yugo que aumenta su penar, sin detener el pensamiento en la búsqueda de las nuevas alternativas, sin mirar que aún se está vivo y eso es lo más preciado: la vida. A pesar de tantas situaciones difíciles, esconde la felicidad.

Deberían ver el verdadero sentir del valor de la vida, en aquellos que realmente deberían sufrir; más a pesar de su sufrimiento, ríen en el alma.

Como en un acto mágico, el dolor corrió el velo del tiempo. Sentí mi brazo flotar dentro del mangón como queriendo separar la neblina de la nada, para contemplar un mundo diferente. Se detuvo el tiempo y contemplé una habitación sencilla, decorada con las figuras mágicas de los cuentos de hadas; en una cama del color del rubí, cubierta con muselinas, vi un niño dormido: su cabello ensortijado y sus ojos cerrados, sonreía en sus sueños; un ángel escapado del cielo, atrapado en la tierra, un ángel... Eso era ese niño, a su lado como un guarda, un oso de peluche velaba su sueño. Una tierna imagen del sueño placentero de quien es feliz, murmuré: ¿Eso crees tú?

Los mangones del hábito flotaron retirando las sábanas que le cubrían; se estremeció mi alma... sentí en mi ser la confusión y el desconcierto, quería cerrar mis ojos para no ver, pero no tenía ojos, veía a través del Dolor. Mi corazón palpitó en una mezcla de impotencia y lástima, mi espíritu se sobrecogió ante aquella visión, sentí en mi ser que todo giraba, sentí la más grande de las tribulaciones, sentí miedo y sentí arrepentimiento de mis supuestos dolores.

Sentí la desolación del alma, la agonía del espíritu, impotente, pensé si yo fuera él cómo sería mi vida. Los hombros de aquel chico terminaban en dos pequeños muñones deformes; sus piernas no existían, tan solo una cabeza presa del tronco; ver ese pecho infantil desnudo, sin brazos ni piernas, dormido sobre la sábana blanca, de verdad duele.

Somos tan banales que consideramos nuestra angustia como la más eterna y la peor, pero si levantáramos las sábanas de los mutilados, veríamos una realidad tan distinta. Y veríamos que el aparente dolor no existe más que en la realidad del pensamiento.

¿Sufres? ¿Sientes lástima de un cuerpo mutilado? Sin embargo, sonríe en sus sueños... Míralo...

Dormido, en sus sueños, abrazaba con los brazos de la imaginación a su oso de peluche.

El alma que se anida en ese cuerpo no necesita de brazos ni piernas para ser feliz, será un gran hombre, creará brazos y piernas para él y para otros, tiene vivos en su mente sus brazos y sus piernas. La sabia vida a veces niega aquello que poseemos en el interior ¿Acaso no vale más quien es rico en su interior, así carezca de dinero?

Al contrario de muchos que teniendo brazos y piernas son mutilados mentales, no se mueven porque no quieren; han aceptado la perdición de su vida, despertando el infierno del pensamiento; no te compadezcas de los mutilados físicos, ten clemencia por los mutilados mentales que sufren la agonía de poder acariciar un oso de peluche y no hacerlo porque les faltan los brazos de la decisión.

Debería el hombre llevar en su frente las imágenes de los mutilados físicamente: los niños sin piernas que quieren

82

jugar con el balón, los niños sin manos que desean golpear las canicas, los ciegos que elevan el rostro al cielo para sentir el sol sin poder contemplar la belleza del amanecer; el sordo y mudo que desea decir: te amo.

La mujer que añora sentir la vida en su vientre, pero jamás la sentirá, aquel que durmiendo tan cerca de su amor no puede tocarlo porque su cuerpo se durmió. ¿Has visto el rostro de los mutilados?...

La pregunta sonó como un lamento, una condena... Una sentencia.

Son tantos los que realmente deberían sufrir, pero al contrario ríen y a pesar de las limitaciones físicas, la mente descubre otras bellezas de felicidad; el ciego no ve, pero siente el suave calor y las entrañas del sol; el niño, sin manos, se extasía en la contemplación de la mariposa cuando nace dándole alas al pensamiento; el niño sin piernas dibuja con sus manos la maravilla de la montaña.

Los mangones flotaron, la puerta del tiempo se cerró. Se hizo nuevamente un silencio sepulcral, el Dolor miró aquel ser que, aunque sano, generaba en su mente la agonía más intensa, dijo: *mira como ante*

la adversidad, el ser, se mutila, se amputa las manos, porque las cierra abrazando su pensar, se amputa las piernas porque siente miedo de caminar, se vuelve ciego porque siente terror de mirar hacia el mañana, le encanta destruirse cortando las alas del pensamiento.

Me pareció ridículo el sufrir aparente de tantas personas que se debaten en un dolor creado por su mente, sin hacer el más mínimo acopio de valor y entereza, dejándose arrastrar en la tormenta de sus ideas, permitiendo que la infelicidad se apodere del alma, sucumbiendo a la pobreza del pensamiento humano. Pobre ser, quien en su libertad se destruye anulando voluntariamente la vida; es un suicida que, aunque vivo, ha muerto.

¿Todos esos sufrimientos son causa tuya?

No, dijo tajantemente, son los pensamientos de ellos, ante la falta de fortaleza para superar su sentir, ante la falta de amor, ante la ausencia de la fuerza del amor a la vida.

Son seres iguales a los suicidas que se martirizan y se castigan diariamente, se queman en el infierno creado por ellos, se clavan los tridentes más candentes en

lágrimas de dolor y se fustigan con el látigo que corta el aire en pensamientos de destrucción, son ellos quienes construyen su desgracia y arrastran a otros a su pobreza mental y física; recuerda que en la libertad cada cual camina cualquiera de los dos caminos.

Volamos de aquel ser y por un instante volví a ver mi cuerpo abrigado y cuidado por gnomos y salamandras, protegido por los silfos y acariciado por las ondinas, cerca, muy cerca de aquellos caminos que aún en la oscuridad, esperan por el caminante.

Aparecimos de pronto en un viejo café. Sentados en una mesa vacía, contemplábamos la gente que hablaba, parejas que entraban y compartían, amigos, negociantes, el lustrabotas y vendedor de lotería, el mesero y la cajera que ajetreados servían, la visión del mundo normal.

Mira, cada uno de ellos es un mundo, un enjambre de pensamientos que se debaten día en día, en ganarle al dolor; buscan la felicidad tan momentánea y efímera como el mismo dolor. Unos sonríen: hoy tuvieron éxito; otros lloran, hoy tuvieron un fracaso. Pero al igual, el uno y el otro hoy han triunfado, están vivos y esa debería ser la verdadera razón de la felicidad... La vida.

Cada ser vive, pero pocos son capaces de autocontrolarse y manejar sus sentimientos y sus emociones. Pocos se aferran a la fuerza del espíritu para superar la adversidad; hoy los ves reír y mañana los mismos llorarán. En el fondo de la vida, el fracaso tan temido como tal, no existe; graba bien en tu memoria: el éxito no es más que la suma de fracasos o mejor llámalos intentos: por cada intento, descubres el camino de éxito.

Por un instante viajamos al interior de las mentes de quienes allí estaban y al igual que la mujer que cubre su rostro con maquillaje, para ocultar las líneas y aparentar ser joven sin serlo, así muchos de ellos, ataban su sufrir en demostrar una alegría tan lejana.

Cada uno lleva en su interior un dolor diferente, pero en definitiva el mismo, y como payasos del circo de la vida han pintado una sonrisa sobre el rostro que llora en silencio; pocos, muy pocos, ven las lágrimas del alma, pero mi amigo el Dolor sí; tomaba cada lágrima que caía y la depositaba en su aljaba como el tesoro más preciado, ya sabía en que se convertiría.

Mientras flotábamos pregunté: ¿Por qué usas cadenas y grilletes? Sentí que sonreía.

Son para atar el dolor al dolor, cada eslabón en la cadena está unido a otro y así por la eternidad; jamás existirán cadenas sin eslabones.

Y aunque no lo comprendas, hay momentos en que debo causarlo para que alguien obtenga la felicidad, son los eslabones de la vida que se deben usar y los grilletes son para salvar; hay caminantes que, por la premura de sus pies, sus pasos los llevan a destruir... Entonces se les detiene en su andar.

Al igual, en mi aljaba hay dolores que son el camino de la felicidad, en la gran mayoría de veces suele suceder, que después de un aparente tormento viene la calma y el sol vuelve a brillar.

A veces la libertad y la felicidad no llegan sin haber sido visitadas por el dolor; al inicio es difícil de comprender y se supone que no debería ser así, la mente se resiste a los cambios, la costumbre y la rutina tienen lazos muy fuertes que no se rompen con facilidad.

Entonces viene el miedo de tomar decisiones, se siente el temor de quedar solo y volver a comenzar, durante los días iniciales a una pérdida o una separación o un adiós,

87

*quizá una muerte, la mente se ancla, continuando con
la costumbre y se siente el dolor.*

*Pero si conoces los caminos y dejas que el tiempo lo cubra y
te levantas sobre la adversidad fijando en tu pensamiento
tu imagen, si te ordenas mentalmente que tú no tienes
por qué sufrir, al final de unos días, todo cambiará sin
que te lastime. No se trata de no sentir. Al contrario, se
trata de saber sentir, aceptando los cambios. Pero si se es
culpable de ese dolor, el cual es causado por uno mismo,
lo mejor es esperar un tiempo, antes de tratar de resarcir
el daño causado: es mejor partir con la convicción de
haber dado lo mejor de sí, que partir sintiendo que se
recibió, pero que nunca se dio.*

*Es más feliz y sentirá menos dolor quien da que quien
recibe, cuando ya no reciba, sentirá mayor vacío; quien
da eternamente estará lleno de sí y piensa; es mayor la
cantidad de personas que reciben y muy pocas las que
dan. Mas estos elementos, simbolizan simultáneamente,
las armas con las que se vence al dolor; la cadena es la
decisión, la aljaba mágica el perdón y el hábito sin rostro
el verdadero amor.*

¿Cómo combatirte y evitar que tú, te hagas presente
en la vida? ¿Cómo superar los momentos en que, sin

esperar, lo inesperado llega? en medio de las sombras se descubre que tú, el Dolor, has llegado sin avisar. ¿Cómo preparar el pensamiento y el espíritu, para los instantes de agonía que siguen a la adversidad?

Escucha y toma nota de cada palabra: cada ser posee en su interior el poder para ser feliz, a pesar de las dificultades; depende de su verdadera fuerza interior y de su deseo de alcanzar la paz de su espíritu.

Para ello, sigue estas sugerencias; si las aplicas a tu vida, aunque llegue a tu mente, seremos amigos y me sentirás menos.

DECISIÓN

Las cadenas de la decisión deben ser fuertes con eslabones unidos por la voluntad, quien tiene la fuerza, conoce en dónde se une un eslabón a otro, la decisión no es la soberbia, ni la prepotencia; es la humildad fortalecida por el deseo de crecimiento y superación.

Es la voluntad férrea de continuar uniendo un eslabón a otro, formando una cadena que alcance la eternidad.

Es, ante la adversidad, continuar sin sucumbir, es ver en la noche la luz de las estrellas y continuar el camino anulando el ayer y viviendo el eterno presente, dejando de lado la compasión y la autolástima; es aquel que se levanta a pesar de su dolor y respirando con seguridad, se llena de pensamientos que engrandecen el espíritu y se dedica a caminar superando así, su dolor; aunque sienta que se consume, da un paso más.

No se deja abatir por los pensamientos que le limitan obligándole a quedarse anclado, sumido en su malestar. Por el contrario, despierta pensamientos de grandeza y uniendo cadenas de voluntad, comienza nuevamente.

Jamás, óyelo bien, jamás, debes permitir que la inactividad llegue, cuando las dificultades aparezcan, jamás debes quedarte quieto pensando en tu sufrir, si no por el contrario, debes levantarte antes que el sol y que el ejercicio sea el bordón de tu vida. Si lo haces y te levantas sobre el fuego de tu infierno y lo apagas con tu voluntad, este se apagará con tu voluntad, sin que se encienda más. Tenlo presente: la voluntad prevalecerá sobre la adversidad superando el dolor, el tedio, la agonía y la nostalgia, supérate a ti mismo, fíjate retos que enaltezcan el espíritu y, ante todo, libera de tu mente el miedo a continuar, levanta la frente y como un gran guerrero lleno de decisión, enfrenta la vida de cada día, cree firmemente en ti, cree en que ¡tú puedes! y que los límites tan solo serán los que tú quieras.

La verdadera decisión es constantemente fluir con la seguridad que cada propósito se logrará; que cada deseo verdadero se hará realidad, si mantienes el empeño constante. Vamos, inténtalo y si en las primeras veces fracasas, vuelve a intentarlo y por cada vez que lo intentes aprenderás más. Y un día cualquiera, sin darte cuenta, verás que lo consigues... Pero mantén tu mente fija, que tu pensamiento sea constante hasta lograr tus propósitos.

Aumenta tu voluntad diariamente con pequeños retos: al iniciar, exígete cada día un poco más, nadie, escucha bien, nadie, entrará al umbral de tu mente a guiarte para que cada día te levantes antes que el sol; eso solo lo podrás hacer tú y cuando despiertes al abrir los ojos te encontrarás con la duda y la indecisión: tendrás que luchar contra ti mismo, levantarte o no, dejar el abrigo tibio de las cobijas y dejar esa agradable sensación de la pereza.

Entonces pensarás "mañana" y será la justa causa para seguir durmiendo y así serán todas las mañanas y tu voluntad crecerá, pero no precisamente fortalecida, si no será facilista y débil y caminarás tenlo por seguro, el camino del dolor y del fracaso.

Pero... Sí ante un esfuerzo mental te llenas de razones y sin pensarlo tanto, abres los ojos, aumentas tu decisión y retiras las cobijas y en el próximo segundo estás de pie habrás comenzado a construir la voluntad más férrea que nada, ni nadie debilitará.

Si así lo haces, el dolor jamás se hará presente en tu vida, pues tu escudo de voluntad lo superará. Entonces, cuando la adversidad llegue, porque llegará, estarás fortalecido y así como has entrenado tu voluntad, así lograrás cuanto desees... y yo... El Dolor, ante la decisión y una voluntad férrea, no tengo otra alternativa que vencerme transformándome en felicidad.

Pero, son tan pocos los que realmente la fortalecen, son tantos los que piensan en mañana y pregonan deseos, pero no realizan nada. No seas uno de ellos.

Si no compites contigo mismo, si no te exiges en mejorar tu cuerpo, tu mente y tu alma, jamás lograrás superarte a ti mismo.

Un buen deportista cada mañana se levanta temprano y aunque sus músculos estén cansados, enfrentan su reto constantemente, hasta que supera sus límites y al mismo tiempo entrena su mente y educa su cuerpo.

Y para ello, la decisión y la voluntad guiadas por el pensamiento. Con esto logrará superarse así mismo.

¡Vamos!, El auto estímulo es el fuego que hace que la decisión sea cada día mayor. Mantén tu autoestima en alto, ámate intensamente, no permitas que la incertidumbre y la duda, entren a gobernar tu espíritu y ten presente: cuando te sientas decaer, dobla tu fuerza de voluntad y supérate. Hazlo, así llores mientras lo haces, pero no permitas que se anide en ti la incertidumbre.

Voluntad disciplina y constancia. Aplica estas tres palabras a toda empresa que emprendas; aplícalas a ti mismo, vence tus temores y nunca dejes que las sombras inocentes del dolor se apoderen de tu mente. Nada de este mundo realmente vale la pena para que sufras y todo, todo dolor, es superable si cambias la óptica y la visión de tu mente.

A veces ocurre que, en el vacío de la soledad, la nostalgia y el recuerdo, nos llevan al borde del abismo de la desesperación y del desconcierto. Estos sentimientos hay que sentirlos, pero mantenerlos bajo control. Se evitan, si pones en práctica una pequeña fórmula: no construyas con nada ni con nadie cadenas; no te unas mentalmente a nada; mantén vigilado tu espacio, sin que tengas que depender de otros para ser tú mismo. Así cuando esas personas ya no estén, continuarás tu camino y para lograrlo necesitarás de tu voluntad.

Cada ser debe ser educado en la quietud del cuerpo y de la mente, en el control del pensamiento, has un ejercicio diario forza tu cuerpo y tu mente a quedarte quieto, durante varios minutos y cada día aumenta el tiempo 10,20,30, una hora dos, así has meditación y veras que la armonía y la tranquilidad llegarán a tu espíritu.

COMPRENSIÓN

¿Sabes? El nido ideal para mí es el rencor, el reproche, la ira contenida y el deseo de cobrar una equivocación. En definitiva, el mundo se llena de resentimientos, albergando en el corazón un sentimiento de odio hacia algo o hacia alguien; ese resentimiento, mental es leña que atrae mi presencia...

Las alas de los mangones flotaron y pude ver que viajamos a un mundo silencioso, con una luz tenue y suave; un mundo de una belleza inusual y rara, una especie de atardecer, muy hermoso; gasas multicolores que, como fantasmas, deambulaban; sombras que se escondían en los rincones.

Una extraña luz brillaba y refulgía. En ocasiones crecía o se debilitaba, pero en otras, todo quedaba en la más completa oscuridad. Se despertaba una tormenta espantosa como si los elementos se soltaran y todo se confundía en una sensación de vacío abismal. El Dolor buscó algo en su aljaba y mi mano fue de su mano: sacamos espinas que como saetas viajaron y se multiplicaron por sí solas; por cada una eran miles, que se clavarían en lo más profundo.

Todo se alteró. A medida que las espinas se clavaban, rugía el cielo y se sacudía el alma; las espinas mágicas cumplían su dolorosa misión.

Este es el corazón de los seres cuando los pensamientos y el recuerdo de rencores guardados y reproches se albergan en el espíritu, es cuando el dolor del alma se agiganta, llevando la mente y el pensamiento a los rincones más oscuros del desprecio y del sufrimiento.

Cada ser en su interior también posee una aljaba en la cual guarda celosamente sus recuerdos y sus reproches, desencadenado un sinnúmero de pensamientos que crean un eco repetitivo; llevando la mente a los infiernos del dolor, creados por el reproche constante.

Es entonces cuando la agonía del corazón se libera y se produce el caos más profundo; todo cambia, viene la soledad como primer elemento y es allí donde se alojan los pensamientos que anulan y limitan.

El pensar, la inactividad constante, van minando el cuerpo que se comienza a sentir cansado y abatido; los deseos de vivir desaparecen, todo se confunde. La belleza de la luz interior da paso a las terribles tinieblas; la mente se debate en una lucha sin cuartel, entre el fracaso y el fin, una pequeña de luz de esperanza supone que todo mejorará.

Pero... La soledad da paso al desconcierto, a la enfermedad del alma que nada alivia. Ahora los pensamientos pierden el control; ya las imágenes son de angustia que saltan en secuencias ilógicas sin poder detenerlas; el auto castigo ha comenzado, se vive, pero en el interior, se levanta el fuego del sufrimiento.

Se condena, se juzga, se desprecia la vida, al igual que a quien se considera culpable de ese supuesto e insoportable dolor. La mente ya sin voluntad lleva el cuerpo a un desgaste total; se pierde todo deseo de mejorar la decisión, se ausenta y la agonía del alma se hace más fuerte.

Nada, absolutamente, nada despierta el valor de la vida; todo se consume en pensamientos y sentimientos difíciles de manejar. Las imágenes ahora son mayores, se aumenta la desesperación, viene el calvario de cada día y cada noche cuando el sueño también se ausenta, aumentando las llamas de la agonía.

Días, meses, años, vidas completas que esconden el mismo sentimiento; en el fondo, se pierde la visión de la vida y los colores pierden su brillo; todo se convierte en el peor día gris y oscuro, la vida es la muerte: el desprecio de todo

da paso a un conformismo y una resignación sin límites...
Todo sucumbe en la mente.

... Me pareció que el infierno no lo viven solo los suicidas, sino muchos seres que presas de sus pensamientos desencadenan un mundo de dolor constante.

Los hierros candentes que taladran los ojos son el hierro de pensamientos vivos, que calcinan peor que el acero más ardiente; son los pensamientos sometidos al fogón del herrero.

Cuando la desesperación se convierte en la agonía y los pensamientos sin control taladran calcinando la vida, la angustia se convierte en un infierno sin límites; comprendí mi primera imagen, al recordar el tridente incandescente que taladra los ojos.

Cada ser tiene un tridente en su pensamiento, cuando pérdida la fe, lacera su alma y las lágrimas ruedan: no es un tridente de metal ardiente, son los pensamientos de agonía que destruyen el alma.

Creo… que hay otros garfios que desgarran la piel de la mente para luego sanarla por un minuto y después volver con más ímpetu a destruirla; el infierno que se anida en los corazones, es peor que todos los infiernos juntos, por una sola razón: se está vivo en el mundo de las alternativas; el suicida, paga por su acto y se sale del juego de las opciones y de los caminos, pero quien está vivo y se destruye, vive y vivirá un infierno cada día más terrible.

Cuando la fe de la esperanza es anulada por la desidia del tedio, el ser vivo se anula cuando tiene todo por hacer. Con un poco de voluntad, en pocos días, cambiaría el infierno por el más bello de los paraísos.

La voluntad existe, aún en el dolor más grande.

Lo más importante es comprender y olvidar las ofensas causadas; es no desperdiciar el tiempo presente convirtiéndolo en el pasado ansioso de lo que ocurrió. Vive tu día, deja el ayer atrás; que no trascienda tu pasado con el futuro, ni empañen los recuerdos la esperanza del mañana.

Lo que pasó, pasó. De nada vale mantener presentes los recuerdos que no se cambiarán; hay que liberarlos de la mente y eso se logra comprendiendo que, en el camino de la vida, muchos errores se cometen.

De esta manera, cuando se comprende así, el daño causado nunca vuelve a lastimar, anulando los sentimientos de culpa y por ende impidiéndose que la vida se consuma en el dolor. Por el contrario, se supera a cada instante el ayer, mirando el mañana, como el mañana mismo. Así cada día será vivido en el presente, generando las semillas para el futuro, dejando el ayer en el único lugar donde debe estar: en el pasado.

La comprensión es la armonía del alma, mas no se perdona a nada ni a nadie: comprender es reconocer, que cada suceso deja en si una experiencia, un conocimiento, un instante del presente en que se vive y se debe extraer de ese momento lo mejor; las personas llegan a la vida porque cada cual así lo ha deseado y así lo ha permitido. Pero... si en la libertad, quien viene se va sin importar la forma, es cuando se le culpa y se juzga como causante de un dolor; así mismo, cuando alguna circunstancia inesperada ocurre y se comete una equivocación, es el momento de tranquilizar la mente y el espíritu y aceptar lo que ya no se puede cambiar; pensar que de cada suceso vendrá algo mejor. Pero si el pensamiento se ancla en cuestionamientos y monólogos de arrepentimientos cuando ya nada puede hacerse, entonces se abren las puertas que conducen al camino del sufrimiento y del dolor constante.

Las dificultades son para superarlas. Esas son las medidas que nos permiten avanzar en el camino, es la manera como el alma se engrandece, cuando superamos las pruebas que se presentan a diario; más cada día en su andar, trae consigo su conflicto; cada día trae consigo el momento de felicidad y de dolor. En el pensamiento se albergan los recuerdos y cuando estos son de amargura se *convierten en reproches, así que hay que eliminar de la mente todo aquello que altere el espíritu.*

La noche se hizo más negra. Mirando el corazón de los hombres, traté de comprender lo que es incomprensible para cada uno, a no ser que viva el momento, pero… a pesar de ello, al oír hablar al Dolor comprendí, que es cada ser, en definitiva, quien elige con sus actos vivir en un cielo o en un infierno, dependiendo de la voluntad y del dominio del carácter; algunos, o bien se levantan sobre la adversidad, o bien sucumben a la misma.

El comprender, enaltece el alma y dignifica el espíritu, liberando la carga de emociones y sentimientos; es tan solo, dejar que cada suceso pase sin atraparlo, fortalecido en la decisión y en la voluntad, aumentando los pensamientos en la libertad; en definitiva, cada cual vive en el interior de sus pensamientos, la realidad de su vida enalteciéndose o humillándose, más lo que sentimos cuando estamos frente a frente de cada circunstancia; cuando enfrentamos el presente, no nos podemos detener del camino elegido, sino a pesar del peso de la incertidumbre seguir caminando.

WICCA

El tiempo en su andar hacia el mañana no se detiene. No sabemos lo que pasará en el próximo minuto, así que en lugar de contemplar con nostalgia y con dolor el ayer, debemos estar pendientes del paso futuro: lo que paso así ya ha sido y nada de lo que hagamos podrá cambiar ese pasado. Pero… podemos convertir cada segundo futuro en el incambiable pasado, si nos dejamos llevar por los recuerdos constantes del ayer.

Jamás atraparemos un instante; inevitablemente transcurrirá otro instante, en el instante mismo, cada ser es libre y nunca deben existir ataduras que limiten esa libertad.

Al hablar con el Dolor, descubrí que en el abismal mundo de la mente humana existe el deseo de la libertad y que nada, ni nadie, logra destruir las alas de la decisión. El dolor y la agonía son propiedad de quienes toman el camino del sufrimiento.

Transcurrirán momentos difíciles, pero cada segundo que se avance hacia el cambio y la dignidad, se progresa; se nace de un vientre en la soledad, se vive en la soledad del pensamiento y al morir se está solo consigo mismo.

El comprender es la brújula para continuar en el camino; es dejar pasar cada instante con lo que el instante albergue, teniendo presente que no hay nada que detenga la verdadera libertad del pensamiento.

El Dolor sonrió en silencio. Los mangones flotaron y el capuchón cubrió mis ojos como abrigándome; en el fondo de aquel mundo, escuché la misma voz del Dolor:

Comprender… la difícil comprensión, el sentimiento que más engrandece al ser, es en sí, el más difícil de realizar.

Culpamos a la vida, culpamos al destino, pero no vemos que nuestra realidad la hemos fabricado con el constante actuar; que yo, el Dolor, no soy lo que muchos creen: no me ensaño en la mente de nadie, ni en mi aljaba creo la destrucción; cambio de forma brusca la realidad, para que haya un avance y mejoría, pero tan solo quienes dejan de lado el ayer levantándose sobre la adversidad, son los que continúan.

Quienes a pesar de todo no culpan, ni se culpan, continúan, siempre continúan, a pesar de las barreras y las dificultades, ante una decisión tan radical y ante la voluntad tan férrea, debo retirarme porque sé, que mi presencia en ese ser de nada servirá, dará un paso más, avanzará un paso más. Se levantará sobre la adversidad y el dolor no hará mella en ese corazón.

Quien se perdona, alcanza en su alma la tranquilidad del espíritu y no deja que las anclas nazcan si no pone alas al pensamiento para volar más lejos. El miedo que se siente cuando lo inesperado pasa, el vacío de la ausencia, el temor de la soledad y la duda del mañana, se convierten en la agonía de un instante; así que, déjalo pasar, no mires hacia atrás sino hacia delante y así sientas que tu alma se congela, camina un paso más. Levántate ante la adversidad sin sucumbir a ella, deja que el tiempo transcurra hacia el avance sin límites, pero dependerá de ti, solo de ti y de tu mente.

AMOR

¿Sabes? El comprender, encierra un poder desconocido, un mundo maravilloso que despierta después de mi presencia: El amor. Pero es el amor verdadero, no la entrega interesada en momentos de locura, sino la bondad y la armonía en un beso; es el comprender sin reprochar, el hacer silencio para que el corazón pueda hablar... pero el verdadero amor es tan esquivo: se vive en intereses, se piensa en uno y no en los demás y el amor se convierte en espinas y opresión.

… Como un fantasma de la noche, viajé en el hábito del Dolor y con él me sumergí en una rosa, era el momento de amar aún más al dolor, de comprender que el dolor en su esencia no lastima y que al igual que la rosa, la felicidad tiene espinas.

Aquel botón a punto de abrirse invitaba de forma misteriosa a descubrir sus secretos; como el colibrí que bebe el néctar sin tocar la flor, así nos acercamos, lentamente los pétalos como cunas de ángeles nos invitaban a continuar descubriendo la magnificencia del amor; a través del enjambre de pétalos, viajamos a la esencia de la rosa... Siempre me pregunté ¿Por qué las rosas tienen espinas? Todo en un momento se convirtió en túneles de colores; un mar de savia viajaba perezoso y en él navegando en la balsa de la imaginación, conocería el alma de la rosa.

Duendes, hadas, pequeños genios, mezclaban en cubetas hechas de humo las más extrañas y deliciosas pócimas; aromas y fragancias invadían el entorno, las hadas tejían con cuidado los bordes de los pétalos y los duendes los doblaban con magia hasta que quedaban atrapados en una semilla. Algún día se desenvolverán y serán la más bella de las rosas.

Los pequeños genios, como colibríes volaban estáticos llevando y trayendo gasas y muselinas a las hadas, aromas robados al amor, todos saludaban al Dolor con una sonrisa, era el amigo más querido; pasamos, llevados por los genios, a un recinto aún más bello que el anterior: las salamandras del fuego dibujaban pequeñas espinas, que los duendes luego tallaban y eran decoradas con más cuidado que los pétalos; sin espinas no existen rosas.

Me atreví a preguntar ¿No sería mejor si las rosas no tuvieran espinas? ¿Por qué? Preguntó un duende... Las espinas hacen daño respondí... de un rincón saltó un pequeño genio que me recordó a Peter Pan y dando volteretas me dijo al oído: *que las espinas no te oigan, pero estás equivocado.*

¿Quién hace realmente daño? Cómo dices que las espinas lo hacen. No ves que ellas proveen del agua necesaria para que las rosas vivan; en los amaneceres, el rocío que las cubre les da agua, pero la misión de ellas es atrapar el rocío de la magia que aparece en la hora del silencio y deben ser bien puntudas para poder atraparlo y así darle la vida a la rosa... Esa es la magia por la cual la rosa nace...

El Dolor sonrió... Pensé que tú nunca reías, *mucho, replicó; eres como los demás: ves el dolor y el daño donde hay vida y felicidad, las espinas de la rosa son para que la rosa viva y no para pinchar del dedo de quien toma la rosa; son inocentes, así que la próxima vez, que cortes una rosa, piensa bien de donde las tomas.*

Vemos en la magia de la naturaleza como nace la rosa y perfuma la vida; es de símbolo para el amor, como tantos seres mágicos tejen un botón de rosa... Pero quería saber qué escondía en este viaje, el dolor sacó de la alhajaba luces mágicas y todos tomaron de esa lluvia: eran dulces de la miel más exquisita y todos bebieron la felicidad del dolor

Paso por mi mente, ¿Tanto trabajo a cambio de qué? Las rosas aún con su perfume son efímeras; una vez se abren y dan al mundo su aroma, pronto se marchitan y mueren... Entonces, para que tanto esfuerzo.

Eso crees, pero no ves, que aún la misma vida es efímera; es un instante que a veces no deja ni siquiera el aroma. ¿Sabes? Una rosa a pesar de ser por un instante cambia la vida de quien la recibe, adorna el alma en los momentos de plenitud y enaltece el corazón al amor. La rosa, eterna y efímera fugaz en el instante, pero perpetua en el recuerdo. La rosa, igual de bella, es entregada a los vivos o a los muertos en el mismo símbolo del amor.

Todo se esfumó de pronto; tan solo quedó en mi mente, la extraña fragancia de una rosa; ni duendes, ni genios, nada. Todo era ahora oscuridad dentro del hábito del Dolor... Flotando sin ir y sin venir.

El amor el verdadero amor que deja la fragancia del instante de vida donde la vida es una eternidad oculta, en el instante mustio de un instante, que supera el dolor más que el amor. Cómo se alivian las espinas del pensamiento que taladran y calcinan el alma más que con el amor.

Pero... Quién sabe verdaderamente amar, en la libertad, en la entrega, en la esperanza de un mañana quien se entrega oculto en las sombras sin esperar nada, pero dando todo... Cuando ese amor llegue a la mente del hombre, ya no estaré jamás, porque el amor desinteresado anula el dolor y fortalece la felicidad.

Viajando en la noche de la noche, dentro del hábito del Dolor, entendí que el amor, el verdadero amor, es la renovación instantánea del pensamiento, es la esencia maravillosa de la comprensión, es la suavidad de la vida; ahora podía ver la rosa y entender la discreta vida de las espinas.

El perdón es como el elixir del néctar de las flores: si perdonamos dejamos fluir nuestro aroma, pero, si nos llenamos de rencor, lo convertiremos en espinas y lo peor es que las clavaremos profundamente en nuestra piel, desgarrándonos a cada momento, hay que permitir que el corazón libere su néctar de amor; nada del ayer inalcanzable podemos cambiar.

Ya no podemos alterar los hilos mágicos de la vida en lo que haya pasado; tan solo nos es dado comprender, entender y perdonar. Es así, como el verdadero amor fluye, anulando el dolor del reproche y del rencor. La maravillosa experiencia de convertir espinas en rosas, sin destruir las espinas, transformar el pensamiento y en la calma de un momento, dejar hablar al dolor para conocerlo y cuando el dolor ha hablado, abrazarlo hasta fusionarnos con él, así un momento después, el dolor, aunque esté, ya no estará.

Le pregunté al Dolor: sí el amor y el perdón te destruyen ¿Por qué tu no perdonas a tantos seres que sufren las torturas de los secretos de tu aljaba?

Yo, ya los perdoné; son ellos los que jamás se perdonarán. Quizá es lo más difícil, mirar en el interior del corazón y descubrir las espinas que se han creado en el jardín; me limito a darle a cada cual, la porción justa y exacta de lo que ha sembrado.

Pero... Si alguno de ellos se perdonará y se amará a sí mismo ¿Tú no le castigarías más?

¡No! No tendría en mi aljaba más que pétalos de rosas para ellos; pero es difícil en la mente de ellos, ya que la conciencia solo les permite ver sus actos y la consecuencia de estos, aumentado para sí su dolor. Por ello debes pensar

muy bien antes de actuar, no sea que en lugar de rosas siembres un jardín de espinas y caerás sobre ellas como consecuencia de tus decisiones. Mira en tu alma tus actos, mira en tu mente tus pensamientos y descubre la belleza del amor en el perdón.

Los mangones flotaron como las alas de la noche, a medida que conocía al Dolor, más lo comprendía y al mirar a través de los ojos del Dolor, solo encontré al dolor, sin dolor.

Son tantas las vidas destruidas por el pensamiento del rencor y del odio que envuelve misteriosamente el corazón desatando la envidia, el celo y la ruina. Cuántos seres viven sus días, atrapados en el peor de los infiernos, donde se anula la vida sumergiéndose en las espinas de la amargura; en el vacío eterno de la nada, siendo presas de su dolor, sin ver que, con un pequeño acto, podrían cambiar su infierno en el más bello de los paraísos.

Decisiones nada en la vida es más importante que las decisiones; no importan la riqueza ni la pobreza, ni la salud o la enfermedad, la belleza o la fealdad, nada importa, ante la fuerza del pensamiento que impulsa a tomar decisiones.

Suele suceder, que la vida no haya sido benigna contigo y algo te falte o algo te sobre: puede que no estés completo y que la adversidad aparezca sin llamar; suceden miles de sucesos simultáneos, pero nada, ni el dolor, ni la soledad, lograrán abatir al hombre decidido.

¿Dime, cómo mantener esa actitud cuando lo inesperado nos empuja a la destrucción y nos arrastra el mar de la desolación?

Cuando en tu mente se anide la dificultad, cuando te sientas cansado, cuando creas que no hay mañana, ni sol que ilumine tu andar y todo se eclipse en el silencio del temor escondido de la desesperación, es cuando deberás detener el reloj de tu tiempo y en silencio, entrar a tu mente, evaluando tus actos; debes hacer un alto en tu andar, sin prisa, mirar dentro de ti, reflexionar constantemente; así verás un amanecer distinto.

Busca en dónde equivocaste el camino; mira que, en tu afán de solución, no caigas en el peor de los vicios: la pereza; no dejes que la inactividad llegue a ti, como la esperanza de cambio, al contrario, en los momentos más difíciles, más confusos, tu actitud deberá ser la de la lucha, la del iniciar una vez más, sobrepasando las barreras del límite.

Es levantarse creyendo firmemente que lograrás lo que desees, sin desperdiciar el tesoro más preciado con que cuentas: el tiempo inexorable que transcurre sin que lo percibas. Sin darte cuenta, en tu vida ya han pasado años de promesas y de esperar que las cosas cambien; pero tú ¿Qué has hecho para cambiarlas? Qué has intentado para alcanzar tus metas, más que lastimarte y refugiarte en mí... Te has refugiado en el dolor de lo imposible sin mirar lo posible, te has escondido en la lástima y la desesperanza.

Entonces, es tu mente y tu decisión de caer en los límites que tú mismo has impuesto... Así que pagarás las consecuencias de tus actos.

Más si reanudas la marcha, si despiertas con el sol y crees firmemente en ti, lograrás cambiar el mundo, levántate y sé la hormiga, que, a pesar de los montes, mantiene firme su pensamiento: llegar a su hogar por encima de todo y aún a riesgo de tu vida.

No cambiarás las cosas en el primer instante: tu cuerpo necesitó de 270 días y 270 noches para formarse y has necesitado de muchos años para leer estás páginas solo lo sabes tú, así que necesitarás de un instante para cambiar; ahora si tú quieres puedes lograrlo...

Los mangones flotaron como una afirmación de las palabras. El dolor se levantó sobre el espacio sin espacio, queriendo entrar en cada corazón, en cada mente y mostrar que es en cada cual, en el fondo de su pensar, donde está todo en el mismo instante, él recorrió el camino de quien lucha por alcanzar sus logros y beneficios sin detenerse a contemplar lo que se dejó de hacer.

Al contrario, construye a cada instante, a cada momento su eternidad de felicidad, uniendo la voluntad la disciplina y la constancia.

Todo... todo se esfumó en un segundo y la oscuridad me atrapó una vez más, el timonel que guía mi vida en el mar de la mente soltó las velas de mi pensamiento para poder entender al Dolor, ese amigo extraño y temido que todos llevamos dentro.

Era el mundo de las preguntas y las respuestas, el acertijo del ser o no ser, el contemplar que en cada uno nace la semilla de cada acto, que bien nos enaltece o bien nos hunde en los más profundos abismos de la desolación y de la angustia, nos destruimos diariamente, ante lo inesperado perdemos el horizonte y la brújula, nos sentimos impotentes ante las dificultades sin darnos cuenta de que todo es pasajero, que nada queda perpetuo en el tiempo.

El ayer ya no volverá, tan solo tenemos este momento, este instante para cambiar y continuar, sin importar que tan alta sea la montaña de nuestra vida: cuanto más alta, más cerca estaremos de nuestro cielo y más barreras tendremos que superar; pero por cada paso que demos, veremos más bello el horizonte.

¿Sabes?

El fracaso y la dificultad no existen. El triunfo no es más que la suma de pequeños fracasos o intentos, diría yo... Llegarás a la cima de tu montaña con el esfuerzo constante de un paso tras otro paso; la diferencia está en que no conoces la montaña de tu vida.

A veces crees que cada paso es un fracaso, nadie llega al final de su camino sin recorrerlo en su totalidad, pero sucede que, en varias ocasiones, una situación difícil la denominas fracaso, sin darte cuenta de que ese impase, lo único que hace es mostrarte el camino correcto; pero está en cada quien, si se toma como un fracaso o como un avance que conducirá al triunfo.

Las emociones se deben manejar, no se debe permitir que un impulso de agonía altere la continuidad de la vida, has visto que en la gran mayoría de veces una circunstancia imprevista nos cambia nuestra óptica en un segundo.

Pero al contrario se necesitan de años para cambiar y quedamos sin querer, atrapados en el segundo de dolor sin poder soltarnos para continuar el camino; entonces el futuro y todas las cosas que él trae, van quedando atrapadas en ese segundo que cambia la vida.

Miles de seres hoy se debaten en el tormento de la desesperación, por diferentes causas que producen el mismo dolor: una muerte, la pérdida de un amor, un trabajo que termina, alguien que se marcha, una enfermedad, un robo, en fin... la lista sería interminable, pero el dolor es el mismo, siempre el mismo.

Y comúnmente se vive lo mismo, la desesperación, la falta de control y de fortaleza espiritual, van minando las alternativas de vida y solo después de mucho tiempo se permite que la cicatriz de lo sucedido sane; es difícil encontrar seres con la voluntad férrea, que puedan sobreponerse a la adversidad en el mismo instante en que llega; no se tiene más sino este momento y deberá ser evaluado como el tesoro más preciado.

Así que antes de caer en el abismo de la incertidumbre, analiza qué tanto haces por cambiar lo incambiable, si ves que no puedes, libera de tu mente de la desolación y sigue adelante, siempre adelante, sin mirar atrás; ya no tienes lo que tenías.

Deberás aprender a manejar tu pensar, a romper de una vez con aquello que permite que mi presencia se apodere de tu pensar.

El dolor y la amargura nacen de ti y van hacia ti; están en un círculo constante de ir y venir sin parar. Vive *tu vida y no permitas que los pensamientos de otros se sumerjan en los tuyos.*

Mantén la fuerza de tu voluntad en lo que desees: comienza paso a paso, sin dejar que el camino que has elegido se desvíe.

Pero ten presente que no lo lograrás en el mismo instante en que lo desees, si no será paso a paso, lentamente, como van llegando las estaciones; de ser así y sin darte cuenta, llegarás a tu meta, siempre llegarás, si te empeñas en ello.

Nadie calmará ni te brindará el bálsamo que alivie tu dolor; al contrario, en los momentos de mayor angustia y desolación, te esconderás en tu pensar y no querrás saber de nada, ni de nadie y es allí donde se comete el primer error el aislarse.

A diferencia, vuelve a vivir, llénate de la energía eterna de tu pensamiento y aumenta tu voluntad; ocúpate, sal, diviértete, juega en la vida, con la alegría de saberte vivo y lleno de todas las oportunidades que te brinda la existencia diaria; más piensa, que tú vales y que tu dolor no es mayor de lo que imagines.

La vida y todas sus cosas, mientras estés en este mundo, son efímeras y cambiantes, nunca serán eternas ya que algún día perecerán.

Así que suelta las amarras de aquello que te ata y navega en el mañana que es el hoy de la ilusión, mira tú horizonte, así no tendrás los grilletes que lastimen tu piel, ni los garfios candentes que lastimen tu mirar, ni las lágrimas que no te dejan ver.

Si te empeñas en causar dolor a otros con tus actos, así será tu dolor más adelante, mis sombras estarán atentas, agazapadas en cada pensamiento, esperando el momento de actuar; si las has llamado para lastimar a otro, no dudes que pronto vendrán a ti y pagarás tu precio, tu justo precio.

Qué sacas con romper la libertad de otros si alguien no vive como tú deseas, entonces sufres; si algo no sale como tú deseas entonces te destruyes; si lo inesperado pasa, te llenas de temor a vivir y quieres acabarlo todo. Entonces si se cumplen todos tus caprichos supones que vivirás pleno si te dan, si te resulta, si encuentras.

En donde quedará entonces tu vida, tu esperanza de avanzar hacia el mañana para obtener tus logros, de encontrar tu realización como persona, ¿Qué esperas de la vida? Nada... Porque la vida ya de hecho te ha brindado todo, eres tú con base en tu esfuerzo y trabajo, el que deberá conquistar a cada segundo la esencia del vivir.

Quizá en este instante te duela el alma, quizá sientas el desdén por la vida, pero realmente vale la pena que te lastimes y quieras morir cuando a pesar de lo que quieras y a pesar de lo que suceda, la vida continúa inalterable su curso, como el río que aún a pesar de las barreras, continúa su viaje al mar.

Todo se oscureció en mi mente. El Dolor hablaba del dolor y sus palabras tocaban mi sentir; ahora comprendía al timonel de mi vida que me mostraba el camino que no existe hacia el mañana.

Lentamente todos lo vamos construyendo hoy, sentía en mi ser que cada cual carga en su cuerpo una aljaba misteriosa, de la cual sacan los látigos afilados y los garfios candentes, cuando mentimos, cuando perdemos nuestra honestidad y traicionamos nuestra fe, cuando nos convertimos en símbolos trágicos de la vida de otros; son tantos los elementos que guardamos en la aljaba de nuestro pensamiento que por eso el dolor se anidó en las almas.

El Dolor en ese instante de mi reflexión dijo:

Caminante del alma: permite ahora por tus ojos hablar a otros y por ellos hablar con el dolor que se anida en el interior del alma, que sucumbe al sufrimiento, a la agonía. Déjame por un instante ser bálsamo, ser un sendero de luz en la oscuridad del pensamiento. A cada ser, que sienta el dolor en su vida.

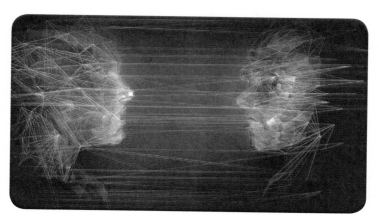

Así habló el Dolor

Si ahora desnudáramos el alma, si en este instante las páginas del libro se abrieran como mis sombras y a través de sus ojos, les permitieran entrar en su espíritu para mirar lo que se guarda en la soledad de su conciencia y así, poder hablarle; crees que el dolor que vives no lo mereces, o tal vez en el fondo de tu ser sabes que tú también, de una manera u otra, lo causaste con anterioridad; que no te juzgará nadie más que tú; solo tú sabes lo que has hecho en público y en oculto, solo tu calificas tu vida y por ende tu actuar.

En este encuentro en el interior de tu conciencia, si la magia de la vida hiciera un alto en tu existir ¿Cuántas cosas cambiarías? Cuántas cosas no harías y cuántas evitarías, pero... Sabes... Estás vivo.

Mientras lees estas páginas y si así es, tienes la oportunidad maravillosa de volver a empezar, de reanudar un nuevo camino solo lo harás paso a paso; es al igual que el camino mal trecho, quizá el equivocado, lleno de huecos, en donde has caído una y otra vez; tus amigos y amigas llenos también de dolor te invitaron a él. ¿La soledad de tu alma? ¿Tu desesperación? ¿Caíste en el mundo oscuro del infierno de la mente y has lastimado tu cuerpo y tu alma en la lujuria; has buscado el amor en el placer momentáneo de un instante para después sentirte vacío y sucio? ¿Quizá has destruido tu pensar al caer en los garfios del dolor de la droga y el alcohol que nubla tu pensar y te arrastra al infierno de la agonía?

Todo ello y quizá aún más, solo tú lo sabes, el camino que has andado está lleno de miles y miles de trampas y no escaparás de él de un brinco; si de verdad lo deseas te invito a otro camino que está aquí mismo.

Solo tienes que decidirte y hacer un alto; seguiremos por el camino de las trampas, pero las trampas estarán más distantes, más lejanas, nunca desaparecerán; todos los caminos las tienen, pero aprenderás a esquivarlas sin caer en ellas.

¿Cuál camino? Bien; ese es un buen comienzo. Lo primero será analizar cada suceso de tu vida y vamos a aislarnos del entorno que te rodea, que te ha hecho daño; deberás observar tu vida desde afuera: tú serás el espectador de tu existencia y desde esa nueva óptica podrás ver aquello que te hizo cambiar el rumbo de tu vida.

Sentirás la lucha entre la costumbre y el cambio, desearás volver y caer, sentirás en tu interior el vacío y

la debilidad del espíritu; sentirás pena por ti mismo, es allí donde pensarás que nada vale ya la pena, que no mereces retornar al cambio e iniciarás una batalla en tu interior... Más estarás solo, sin tener de qué aferrarte y dependerá de tu voluntad y de tu decisión lo que de verdad quieras hacer.

No será fácil... Ni será de un día. Necesitarás de algún tiempo que dependerá de ti: un mes... Dos... Un año... o nunca... Solo lo sabrás tú y nadie más; y dependerá del amor que sientas por ti mismo, de la voluntad que tengas y del fortalecimiento de tu espíritu.

Se presentará el demonio de la ira, la tentación y no aceptarás nada, quizá así es mejor... Estarás solo en tu pensar; tu meditación y calma te mostrará el camino hacia donde debes dirigir la nave de tu vida.

Los primeros días serán una tortura, pero no tanto como los días posteriores, donde tu espíritu y tu mente se desprenderán, se romperán los lazos de la voluntad y desearás con toda tu alma volver al camino donde te encontrarás conmigo... Al camino del Dolor.

Días y días, noches eternas, donde tu mente estará en la más profunda confusión sintiéndome en tus entrañas y sin poder liberarte de mí, sin ningún bálsamo que te alivie; sentirás dolor en tus pensamientos y en ellos, los garfios que rompen la piel y los tridentes candentes que te quemarán los ojos y llorarás en tu desesperación. Allí es donde muchos no resisten y optan por el suicidio; pero ya sabes lo que pasará: si lo haces vendrás al mundo de las sombras, donde la tortura y el dolor serán eternos y cada vez más intensos.

Y te aseguro que no te agradará encontrarte conmigo en este lugar...

Evoqué el recuerdo de aquel sitio donde los hombres son atacados por las sombras, mil de mil veces más; donde el dolor es eterno y las lágrimas no pararán jamás; por las eternidades, será un dolor mil veces más intenso.

¿No hay manera de escapar?

Pregunté... Y desde el fondo de la caperuza de aquel extraño hábito, pude contemplar como los mangones flotaban, como alas de la noche, algo parecido a un el túnel desde el cual se contempla la salida.

Hay alternativas para evitar el dolor miles de millones de alternativas simultáneas que me vencen y me dominan... Es más... Por cada suceso de dolor, existen en el mismo instante, millones de sucesos de felicidad, el asunto es actuar, esa es la clave de todo, la acción...

Dentro del hábito, oí al Dolor hablar y pude ver, que realmente quien quiere romper con el dolor lo logra, si en su alma anida el deseo de la vida; con tan poco se hace mucho, vivimos en un mundo no de dolor, sino de felicidad, de esfuerzo, de lucha constante; pero solo cuando rompemos las cadenas de las dependencias mentales, logramos superarnos a nosotros... Sí aquellos que, atrapados entre las sombras y los garfios, al menos lo hubiesen intentado.

Todo se sacudió de pronto... el hábito me llevaba a otro mundo, el timonel de mi vida me mostraba que el amanecer llegaba y la noche se terminaría pronto;

pensé en mi cuerpo en aquel camino que ahora eran dos, en donde encontré al Dolor. Deduje que este encuentro pronto llegaría a su fin y que de una manera o de otra, extrañaría a mi amigo el Dolor.

Mis manos movidas por los mangones entraron una vez entre la aljaba mágica; sentí que algo buscaban, entre tridentes, látigos, garfios, entre tantas cosas para producir el dolor más intenso; buscaba algo... de pronto... un pequeño cofre apareció en los mangones, pero en la oscuridad no podía contemplar su color; se abrió por sí solo.

Qué es eso ¿Pregunté?
Una vieja amiga contestó...

Flotando ingrávido, aquel cofre dejó escapar una nube, una gasa que brilló en la noche; me recordó la lámpara de Aladino y su genio; allí, ante mis ojos escondidos en el hábito del Dolor, apareció una vieja amiga, una amante extraña y bella, con su cabello negro y su piel de seda: mi bella efigie creada por el escultor de la ilusión, allí frente a mí sonrío y su voz como la música de la noche dijo: hola, caminante del alma.

Ya conociste al Dolor, pero ¿sabes? Vivo con él. Es él quien abre el camino para mi presencia, soy la esperanza de la vida, la amiga incondicional que duerme en la mente de quien sufre, soy la luz en la oscuridad, el camino y el caminante, soy el dolor después del Dolor, soy la felicidad.

¿La felicidad?

Sí, contestó. Mientras danzaba seductora, las gasas transparentes dejaban ver el cuerpo hermoso de la efigie.

Soy el momento que antecede y precede el dolor, soy el instante que te muestra el sendero, soy la sonrisa escondida en las lágrimas, la calma que presagia la tormenta, soy la tormenta y la calma.

Mi amigo es quien abre el camino para que yo exista; solo cuando el dolor llegue me poseerás, si vences el dolor.

Soy tu alma y tu pensar, estoy escondida en el Dolor, porque allí podrá descubrirme quien no ve al dolor, si no me ve a mí; nada de tu vida donde yo esté ha sido, sin que el dolor también haya estado.

Ven caminante del alma: si en un instante me encuentras, estaré contigo por la eternidad de la eternidad; ya no mirarás el dolor si no verás la felicidad en cada suceso de tu vida; en cada instante encontrarás las alternativas para caminar hacia un mañana que será conmigo o sin mí.

El dolor es mi presencia, en los sucesos inesperados de la vida, ante cada circunstancia inesperada y difícil vendrán los mejores momentos, pero dependerá de cada cual; el dolor vendrá y es inevitable que así suceda y con él, llegaré escondida en la aparente adversidad.

Cada día, en cada lugar, en lo profundo de tu sentir, la felicidad verdadera se esconde en la esencia del dar, del entregar, superando a cada instante los límites de tu pensamiento.

Deja que la fuerza de tu interior descubra el amanecer perpetuo del ser; piensa que el dolor y la felicidad serán tan intensos como tú quieras que sean.

Pero nunca existirá un dolor pequeño, ni una felicidad pequeña; así mismo no existirá una gran felicidad, ni un gran dolor... Será como tú quieras que sean.

La verdadera felicidad es la ausencia del dolor... Así que piensa bien en lo que haces de ti, de tu conciencia dependerá... El dolor que vives es la causa de tus actos; ignoras que tú eres el creador del dolor o de la felicidad.

Mas, sin embargo, buscas la felicidad como la cumbre de la vida; debes tener en cuenta así no te guste la idea, que solo me tendrás si conoces el dolor; pero ten presente que la felicidad de uno es extrañamente el dolor de otro.

No se separarán... Por la eternidad el dolor y la felicidad son uno solo; ten presente caminante de la noche que la verdadera felicidad no existe, así como el verdadero dolor tampoco existe; pero si piensas en el equilibrio de tu sentir, si sabes enfrentar los momentos inesperados de la vida, si respetas la libertad, la tuya y la de los demás, si no posees ni codicias, si no deseas, si bajo una constante reflexión das lo mejor de ti, si te entregas sin esperar, si despiertas al verdadero amor sin renegar de tu vida, ni desear que otros vivan como tú quieras; si eres amigo, apoyo, estímulo y no una carga, si en tu corazón no das cabida a la mentira y el engaño, si vives en paz contigo mismo... Te prometo, no que alcances la felicidad tan añorada, pero sí que el dolor no estará presente en tu vida.

Ser feliz... Se logra con pequeñas cosas, nunca con lo prepotente y soberbio; la felicidad no es una sensación que dure más de un amanecer.

Deberás cultivarla constantemente; cada día la encontrarás en la medida en que calmes el dolor en otros.

Ven... Mira en tu corazón y descubre que el dolor esconde misteriosamente en su presencia la felicidad; si te anclas en el dolor nunca la descubrirás. Si lo abrazas y lo haces tuyo, si vences el dolor con el deseo de vivir y ser mejor, encontrarás en los días venideros, momentos felices de alegría y esperanza.

La felicidad se esfumó en el amanecer de aquel día; las gasas escaparon por los dos caminos y las rosas de los duendes, se abrieron en silencio como gratitud.

La bella efigie flotó y se escondió en su cofre, que escapó a la aljaba y allí, al amanecer de aquel momento, me encontré frente a mi cuerpo dormido y cuidado por las ninfas y duendes.

El dolor en su hábito blanco y con el tesoro escondido de la felicidad se acercó a mí: los mangones tocaron mi rostro y por la magia del hechizo volví a mí ser; sentí el túnel perpetuo que separa la vida de la muerte y en mi corazón quedó para siempre mi amigo el Dolor.

Tomé conciencia de mi cuerpo; despertando de mi sueño, abrí los ojos y contemplé la caperuza en donde viví mi noche con el Dolor, que es, en definitiva, la felicidad.

Cual fantasma que se aleja, él se incorporó; ya de pie le miraba, no con el temor inicial sino con la gratitud de haber aprendido a conocer la felicidad que se esconde en el dolor.

El horizonte se bañó con la luz del día y los duendes y hadas se esfumaron en la noche, el camino abrió sus secretos y el hábito flotó, desvaneciéndose en el amanecer: dos caminos, dos alternativas, dos oportunidades eternamente en la vida; el camino del dolor o el de la felicidad, dos pensamientos.

El enigma constante de la existencia hacia donde caminar; una decisión dos alternativas, dos senderos que se abren al frente del destino, dos opciones, siempre dos, sufrir o ser feliz, alcanzar o renunciar, morir o vivir, siempre dos opciones en cada situación y en cada corazón, así se construye el futuro.

Retornaron a mi pensamiento los recuerdos de lo vivido, cuántos seres se debaten en el infierno de su pensamiento, sucumben a la desesperación clavándose y clavando los garfios de la angustia sin límites.

Cómo quisiera entrar a cada mente y pedirle a mi amigo el Dolor, que libere el sufrir de tantas y tantas personas que se angustian ante lo efímero y pasajero, sucumbiendo presas de la desesperación a los más profundos y obscuros abismos de la autolástima, sumergiéndose, en el licor, en la droga, en la destrucción de la vida.

Hay tantos seres que aun teniendo brazos y piernas no caminan, ni acarician, han permitido que su mente muera; el dolor se anida en el pensamiento y vendrá la destrucción, pero con un esfuerzo de la voluntad, logramos encontrar la felicidad; a pesar de la adversidad, está siempre presente.

La libertad de nuestros actos, son el timonel de la vida y dependerá de ellos hacia qué horizonte, navegamos.

Cuando sientas que el dolor en
llamas quema tu alma
Y el corazón se destruya de pensar,
Levanta la mirada y pon tu ser en calma
Y camina... Camina sin parar.
Detén el reloj de tu tristeza
Y en alegría vuelve a comenzar,
Que a pesar de todos tus temores
La vida debe continuar.

REFLEXIONES PARA EL ALMA

Suele suceder que algunas veces la vida se presenta como algo oscuro e inalcanzable. El ser humano olvida con mucha facilidad, el poder que se encuentra en su interior y el cual le permite vivir con toda la intensidad su existencia, sin importar el pasado ni lo porvenir.

En algunos momentos una pena o una situación inesperada nos llevan a perder el horizonte de nuestra existencia, transportándonos a los abismos de la desesperación... Y es allí donde al perder el horizonte deseamos morir... Pero en esos instantes ignoramos que la vida es un universo infinito de alternativas y de oportunidades; que, si nos permitimos una nueva, lograremos que los deseos más profundos se conviertan en una realidad.

A pesar de los problemas del alma, estos, aunque nos lastimen, nos evalúan en nuestro espíritu, ¿Qué tanto realmente podemos superar la adversidad? El acero más templado se somete al fuego para purificarse.

El mayor de los problemas de los seres humanos radica en pensar que nada ya vale la pena, llenando así la mente de pensamientos destructivos, de agonía y desesperación; cuando lo inesperado llega, la razón se confunde y todo lo que se ha construido pierde su real valor, se llega a despreciar el esfuerzo realizado, renegando y culpando por una situación todo cuanto existe. Una manera extraña de lacerar el pensamiento. ¿Acaso el problema más grave no tiene escondido en su interior también la solución? Alguna vez escuché a un maestro decirle al alumno:

Hay en la vida algo que se destruye a sí mismo, sin destruirse. ¡Las soluciones!

Si ante los problemas se buscan las soluciones, los problemas desaparecen y… si no tenemos problemas tampoco tendremos necesidad de las soluciones, desapareciendo estas también.

Al enfrentar momentos difíciles, es prudente acostumbrar la mente a vivir en las soluciones, pensando constantemente qué se debe hacer para resolver la circunstancia inesperada; para ello se debe mantener la calma y algo importante: no tomar decisiones apresuradas.

Desesperación

Cuando ocurre lo inesperado, todo se confunde,
llevando la mente a pensar en una serie de ideas
incoherentes y sin sentido, que alteran el rumbo
normal, no importa cuál sea el suceso; todo
se ha convertido de un momento a otro en un
infierno que amenaza con destruirlo todo; es
en este instante donde se culpa a la vida de la
situación y no se comprende... ¿Por qué a mí?...

Pero, con una mirada más serena y calmada, veremos que lo ocurrido, son una serie de circunstancias encadenadas, que en muchos de sus casos son inesperadas y que difícilmente se cambian.

Ante las situaciones de improviso, lo primero que debe existir después del impacto de la noticia es "la calma".

Los males no llegan solos, eso es cierto, de permitir que la desesperación llegue, esta hará que se cometan errores, los cuales aumentarán la tragedia, ante lo incambiable, lo mejor es una actitud mental de serenidad y paciencia.

Algunas sugerencias que se deben tener en cuenta en un momento de desesperación:

• Mantenga la calma, evitando que sus emociones se desborden sin control.

• Evalúe con serenidad el suceso o acontecimiento.

• No se apresure a tomar decisiones.

• Aíslese durante algunos minutos; en la soledad podrá reflexionar mejor.

• Evite dar rienda suelta y total credibilidad a las opiniones de terceros, quienes, de manera inconsciente, influyen a favor o en contra de sus "verdaderas" decisiones.

• Recuerde que la desesperación al igual que la tranquilidad es contagiosa.

• No entre en discusiones, ni imponga un concepto contra la terquedad, el silencio es la mejor respuesta.

• Evite caer en la causa de otros, recuerde usted decide.

Si mantiene la calma, lo mismo harán quienes le rodean; si, por el contrario, da rienda suelta a su desesperación, de igual manera todos actuarán.

En los tiempos modernos nadie está exento de vivir una circunstancia sorpresiva; se debe estar preparado a *"Esperar lo inesperado"*.

La mejor manera consiste en entrenar la mente diariamente, para evitar que en un momento real se pierda la calma y el autocontrol, complicando aún más las circunstancias.

Es difícil pensar que ante lo inesperado se mantenga la calma, pero se logra mediante la disciplina y la constancia.

Al perderse el control del pensamiento se toman decisiones apresuradas y la gran mayoría de estás, se encuentran fuera de contexto; al realizarlas pensando en mejorar una determinada situación, lo único que se hace es empeorarla.

La desesperación conduce a que una determinada situación se complique, hasta convertirse en una tragedia de magnitud incalculable, enlazando cadenas de problemas que se inician en las pequeñas cosas que alteran el pensamiento.

¡Importante! No cuente sus problemas sin haberlos analizado con honestidad. Por la angustia o el dolor momentáneo se hacen pésimos comentarios de las personas con quien se está en conflicto, lo cual será caótico, ya que, si todo nuevamente retorna a la normalidad, habrá sembrado dudas en los otros y posteriormente se sentirá culpable, al tratar de justificar que todo está bien; quedará en ridículo perdiendo credibilidad.

La mente en estado de angustia juega extrañas jugarretas: aparecen imágenes de aquello a lo que se le teme, imágenes que en su gran mayoría son difíciles de manejar, convirtiéndose en un tormento constante; se suponen situaciones llegándose hasta el extremo de darlas como verídicas, algo así como suponer que un determinado sueño corresponde con la realidad.

Si la duda se ha anidado en su espíritu referente a alguna situación específica, llénese de valor y permita que el tiempo transcurra controlando sus impulsos; al final si permite que todo surja, encontrará la respuesta a su duda. La verdad que por oculta que esté, si se la da un tiempo, saldrá a la luz.

Así que maneje sus pensamientos y tenga cuidado con los comentarios en momentos de ira o mal genio.

Soledad

Lo más difícil de superar en los diferentes sucesos de la vida es la soledad y peor, cuando es inesperada. Las ausencias aumentan la desesperación y generan temores para enfrentar la vida. Las personas que se ven enfrentadas a esta situación viven la mayor parte del tiempo en el pasado, haciendo del diario vivir una tortura, al recordar constantemente lo que ya pasó, y lo que ya pasó, así se haga lo que se haga, ya no se podrá cambiar jamás.

La soledad va minando lentamente el deseo de vivir al no tener la presencia o la existencia de lo que ya se había perdido. El viejo refrán: *"Nadie sabe el valor de las cosas que tiene hasta que las pierde"* se ajusta al comprender que solo se percibe y se valora aquello que se ama cuando ya no se tiene. Pero, la soledad bien aprovechada se convierte en una excelente compañera, al permitir evaluar y olvidar el pasado; pero, cuando la soledad se convierte en una tortura, se ignora el futuro sin permitirse vivir las demás oportunidades de la existencia.

Si la soledad llega por los actos cometidos, es importante tratar al máximo de aclarar situaciones con quienes se haya tenido el conflicto, la autoculpabilidad sumada a la soledad produce efectos destructivos de la vida, los cuales llegan a durar años.

¿Cómo manejar la soledad?

Se presenta una serie de argumentos, más para destruirse que para ser feliz y es aquí donde hace su aparición uno de los apartes más importantes: *se debe ser benigno consigo mismo.* Ante la soledad valórese; como persona tiene derecho a darse otra oportunidad.

Lo primero que se debe hacer cuando la soledad llega, es practicar algún deporte, no se enclaustre impidiéndose vivir, disfrute de nuevas compañías que le aporten momentos de bienestar y emancipación. Sea consciente que está vivo y que vale... Y mucho. Aleje de su pensamiento las ideas de dolor y venganza; la vida es la dignidad del ser. Aférrese a todo lo positivo que encuentre, aumentando su autoestima. No se niegue las oportunidades de vivir; tampoco rechace la compañía, de aislarse, su mente iniciará un proceso imparable de imágenes que le lastimarán enormemente.

Para superar el dolor de las ausencias ocupe su mente el mayor tiempo posible y lo más importante: ejecute algún deporte al aire libre. En la soledad, las noches son eternas; conciliar el sueño se convierte realmente en una empresa difícil, levántese temprano y retírese a dormir tarde; esto le permitirá regular su reloj biológico y serán menos los momentos de insomnio que tenga que vivir. Existen tres palabras que le serán de gran ayuda para superar la soledad:

Voluntad, Disciplina y Constancia

Si de verdad desea salir de los estados de depresión, debe fomentar su voluntad, aumentando su autoestima, sin entrar a preguntarse, pensando que sin el pasado su vida carece de sentido. Dentro de sí, están todas las oportunidades para lograr mejorar su vida y así vivirla plenamente.

Dijo el maestro:

"El buen alpinista contempla la montaña desde lejos y aun cuando camine en pos de ella, solo en su mente mantiene la cumbre sin mirar atrás y sin importar lo pasado".

Todos tenemos muchas montañas que subir en todos los aspectos de la vida: trabajo, estudio, sentimientos, familia, progreso, superación y no debemos quedarnos mirando las que ya pasaron. Hay que dejar el ayer en el sitio que le corresponde, pero extrayendo tan solo aquello que produzca bienestar y enriquecimiento, olvidando el resto. Cuanto más tiempo se demore en darse esa merecida segunda oportunidad, más difícil le será superar la soledad; no mire hacia atrás, ya que solo tiene un horizonte hacia donde navegar y es el futuro. Pero si solo mira el pasado, se priva de vivir el presente y por ende alejará de sí su porvenir, convirtiendo su presente y futuro en su pasado que jamás, aunque quiera, podrá cambiar.

Ilusión

La vida es en sí la experiencia diaria de estar vivos y ella no aporta nada; sin embargo, entrega todo, está en uno la libertad de tomar de ella lo que se desee; Todo, absolutamente Todo, está en nuestra mente y no en la vida, la riqueza, el éxito, la salud, la enfermedad, el dolor, el fracaso, la pobreza; todo está en la mente y no en la vida.

La vida no es buena ni mala; es en sí solo vida, en ella están los procesos de vida y muerte en ciclos naturales donde la maldad ni la benevolencia existen.

Es más, en su gran mayoría se culpa a la vida de los sucesos fortuitos, sin darnos cuenta somos nosotros quienes así lo hemos elegido; de acuerdo con nuestra libre decisión tenemos lo que queremos, pero culpamos y condenamos a la misma vida, por nuestra elección.

De igual manera, nuestra mente cambia tomando la vida como la materia real para hacer que nuestras ilusiones se cumplan, plasmando en el diario vivir la realidad de nuestros pensamientos. Poseemos un sinnúmero de sueños y alternativas, no hay límite y la vida es el crisol donde fundir nuestro oro; todo dependerá en realidad de lo que queramos verdaderamente alcanzar. Y mientras estemos vivos, tendremos todas las oportunidades de cambiar, somos quienes decidimos qué tomar de la vida.

Todos podemos realizar nuestros sueños si mantenemos la mente fija en los ideales, sin perder nunca la cumbre de nuestra montaña, sin detenernos ante los obstáculos; ellos son, en definitiva, quienes evalúan si vamos caminando hacia nuestros logros. El empeño, el tesón, la fortaleza y la decisión son las armas para lograr lo que se desea si realmente se quiere; toda la fuerza y el poder están latentes dentro de nosotros y es allí, en nuestro pensamiento, donde está Todo, entonces ¿Por qué culpar a la vida de nuestros actos? Quien es conformista, jamás llegará lejos, el éxito no es para los mediocres y resignados; es para aquellos que luchan por alcanzar sus ideales sin vencerse ante el primer obstáculo.

El triunfo es de quienes no se vencen ante nada, de los que luchan sin rendirse y lo más importante: tienen en sus mentes pensamientos de triunfo y no de derrota.

Aquel que quiere subir una montaña con el pensamiento preestablecido de que fracasará, ya de por sí es un frustrado y aunque lo intente, no tendrá la fuerza mental para lograrlo.

Quien intenta subir una montaña con la firme convicción de que lo logrará, llegará a su meta.

¡Ese es un triunfador!

La fuerza de la constancia dará como resultado el triunfo y fortalecerá el pensamiento para continuar

154

el avance, así cada reto será, no un castigo de la vida, sino la oportunidad de demostrar lo grande que se es, podrá perder aparentemente; tal vez lo inesperado haya hecho su presencia o de pronto la tragedia ha visitado su hogar. Sin importar lo que sea, todas las situaciones en el fondo son para su crecimiento.

Sirven para demostrar cada vez la grandeza para superar lo inesperado, si por un momento se detiene a reflexionar en las circunstancias, verá que aquello que, aunque aparentemente es negativo, tan solo es un escalón más en su ascenso.

Muchas veces ocurre que se pierde, pero... Realmente se gana al avanzar hacia cumbres más grandes.

Dijo el maestro:

La oruga se contrae cuando quiere expandirse, el árbol se poda para que crezca más frondoso.

Así ocurre en la vida. De una u otra manera se poda para crecer más frondosa, el asunto es saber mirar lo que está oculto y descubrir cómo se *"expande la oruga".*

Tristeza

En el devenir de la vida y con más fuerza
durante la estación de otoño, normalmente, se
presentará alguna vez la tristeza, un sentimiento
de nostalgia que invadirá lentamente la mente
y el alma; en ese momento es donde el dolor
y la desesperanza aumentan, llegando a la
locura, el alma se siente sola, el ahogo oprime el
pensamiento, nublando e impidiendo ver que,
a pesar de la tormenta, está brillando el sol.

Pero... ¿Cómo ver el sol y la luz, si la mente mora en la casa de la oscuridad y nada entusiasma el espíritu?

Se pierden las ilusiones en el abismo del dolor, no se quiere nada, todo se niega y la tristeza se hace cada día más grande.

Al perder la perspectiva de la vida, se pierde el horizonte y se comienza a andar en círculos sin ir a ninguna parte, se sufre en silencio, nada ni nadie calma la sensación de vacío del alma, se escriben versos de dolor, los más tristes y destructivos, pero muy pocos que enaltezcan el pensamiento; se habla del dolor y del deseo de renunciar y aún se piensa en el suicidio como sedante ante la angustia.

Se logra cambiar, se supera la nostalgia y la melancolía, pero... ¿Cómo y con qué lograrlo si todo parece estar en contra? El pensamiento vuela al pasado, los recuerdos y las imágenes del ayer invaden cada instante.

El sueño se desvanece, ante los recuerdos aparece el pasado, las horas transcurren en su paso monótono por el tiempo, pero parecen dilatarse, llegando a ser infinitas; las noches son más largas y frías, es el ocaso de las ilusiones y así pasan los días, los meses y los años.

¡Todo parece estar sumergido en el dolor!

¿Realmente vale la pena, sufrir por el ayer?

¿No será que el ego lastimado, se niega a aceptar la soledad temporal que augura un nuevo porvenir?

Cuando realmente se ha amado, el sufrimiento que queda no permite soltar el recuerdo del ser amado; al contrario, se leen varias veces las cartas, se contemplan los detalles y las fotografías, se guardan esperanzas sin mirar más que el dolor.

De verdad ¿Vale la pena el sufrimiento?

¿No sería mejor sí se respetará la libertad y ante la ausencia, se continuará el camino del mañana, superando con donaire la adversidad, conservando pura y limpia la dignidad, siendo benigno consigo mismo y levantando la frente ante la adversidad?

Muy al contrario de detener el tiempo en un sufrimiento sin sentido, ¿No sería mejor redoblar esfuerzos y seguir viviendo con mayor intensidad?

Se debe contemplar el amanecer y aunque el cielo esté nublado saber que por encima de las nubes siempre estará brillando el sol.

Dijo el maestro:

Tu dolor es tu dolor y será tan grande y durará el tiempo que tú desees; y nadie ni nada podrá calmarlo más que el silencio del alma y el valor para mirar las alas del tiempo.

La tristeza puede ser por un momento el bálsamo que alivie la ansiedad, pero ¡cuidado! que sea solo por un momento.

El verdadero calmante está en una actitud mental diferente, en valorar que la vida, la verdadera vida, vale la pena vivirla, que el dolor se anula y transforma si se busca en el fondo lo positivo.

Dijo el maestro:

¿Acaso la muerte de la oruga no es el nacimiento de la mariposa? ¿En dónde está la sabiduría si no se comprende que la noche es la antesala del día y este a su vez el de la noche?

No hay más ignorancia que aquella que se justifica para aceptar el dolor, sin hacer nada para superarlo. Cuando la tristeza llegue, hay que enfrentarla con la decisión de superarla, levantándose sobre el dolor para anularlo.

Sugerencias

• Evite lastimarse con los recuerdos; ocupe su mente en labores productivas.

• No se sienta culpable por las decisiones de otros.

• Maneje y eduque su mente para pensar solo en cosas positivas.

• No cuente sus problemas, ni los ventile en público.

• La autolástima solo produce más dolor. Sentirse víctima no le ayudará a superar la angustia.

• Mantenga en alto su auto estima y dignidad.

La práctica del deporte le será de gran ayuda; levántese antes del amanecer, sea activo durante el día y acuéstese cuando la luna esté en el punto más alto; de esta manera, su sueño será reparador y pronto superará la angustia. Recuerde: *¡vale y vale mucho!*

Memorice las palabras claves:
Voluntad, Disciplina y constancia.

Superación

La actitud mental permite que las vivencias
sean acordes a los conceptos de grandeza que
moran dormidos en el interior de la mente. Cada
ser humano es una colmena, un cúmulo de
oportunidades positivas, al igual que cada mente
es el mundo maravilloso de las alternativas; la
fuerza de la creación existe en cada ser y fluye
como un pequeño arroyo que se va alimentando
de los actos, convirtiéndose en un río, para luego,
ante el deseo de superación, llegar a ser mar.

WICCA

Las montañas más altas han sido conquistadas, la musa de los poetas y románticos fue alcanzada cuando el hombre pisó su faz; el abismo profundo del océano abre su libro para entregar sus secretos y todo esto gracias a hombres y mujeres que creyeron firmemente en sus ideales y lucharon sin desfallecer. ¿Cuáles son los suyos?

Enfrentaron las equivocaciones y aún superaron la muerte de muchos que lo intentaron y fallecieron; pero a pesar de ello continuaron sin rendirse; para el hombre y para la mente no hay límites. *¡Para meditar!*.

Dijo el maestro:

¿Sabes cuál es el lado más largo de la cuerda?

Los límites no existen; si existiera una montaña más alta que el sol, algunos hombres y mujeres, contemplándola, llegarían a su cumbre y con lo único con lo cual contarían sería con su voluntad, disciplina, constancia y, por ende, con la decisión.

Cuanto más alta la montaña, mayor el reto y mayor el conocimiento que se debe extraer de sí mismo para lograr llegar a la cumbre; hoy el hombre quiere conquistar el cosmos.

El tiempo no retrocede, solo avanza sin límites; el tiempo de la vida es corto y por ello se debe ahorrar o gastar en obras productivas que alimenten y enriquezcan el espíritu, pero...

Perder el tiempo y dejar pasar la vida en sufrimiento y dolor no vale la pena; por eso será por lo que quienes viven llenos de amargura son pobres de espíritu y pobres de riqueza. Son seres que no hacen nada por ellos ni por nadie, solo viven en su miseria mental y física, quejándose de la vida.

Culpan a la existencia de todo lo que les ocurre, renegando sin ver que están vivos y que por consiguiente tienen todas las posibilidades de superar la adversidad.

Contó el maestro:

"Un hombre, un día, aquejado de su lástima, imploraba ayuda a la puerta del templo y en su

dolor pedía: *"una mano, necesito una mano de ayuda".*

Pasando un manco le miró y le dijo: Tú no necesitas de una mano, necesitas ojos porque estás ciego.

¿No has visto que al final de tus brazos tienes en lugar de una mano, dos, con las cuales Él te ha bendecido?".

Cuántos mancos y ciegos, cuántos paralíticos mentales, que, aun estando sanos, viven sus días esperando que alguien camine por ellos, esperando una mano, suplicando que otros hagan por ellos, pidiendo, rogando. Viven mirando fuera de sí, buscando la mano caritativa que les dé una limosna sin ver que podrían tener lo que quisieran si creyeran tan solo un poco en sí mismos, si confiarán en sus brazos, en sus ojos; cuántos paralíticos y ciegos del cuerpo son grandes en el alma y luchadores, han creído en ellos sin esperar nada de los demás.

La adversidad y la pena no son barreras para el alma que asciende a la montaña, mirando la cumbre y no el camino que quedó atrás, el verdadero estímulo y motivación no lo da nadie, sale del fondo de uno mismo. Cuando un hombre crece, su acto motiva a que otros también crezcan y los mediocres y necios sentirán envidia mientras en su vacío mental, llenos de pereza piensan en destruir y desean que el fracaso llegue a quienes crecen, mas no tratan de levantarse para poder intentarlo.

El confín indescifrable del universo de la mente es la cuna de la grandeza del éxito, del verdadero poder, de llegar un poco más lejos, de la segunda oportunidad, de crecer interiormente dignificando al ser en toda su magnitud.

La diferencia entre riqueza y pobreza es tan solo una actitud mental: se avanza un paso más, aunque no se tengan pies, para ello están las muletas, pero siempre un paso más y por cada paso la cumbre de la montaña se acerca un paso más.

Aunque no la veamos, la podemos sentir y nadie sabrá jamás cuál será el último paso para llegar a su cumbre, porque habrá montañas y cumbres que alcanzar.

Cuántas oportunidades se pierden por la falta de decisión, cuántos se ahogan en la pena, en el dolor gritando su incapacidad, culpando la vida, sin mirar dentro de sí mismos, cambiando su dolor en esperanza y alegría, dejando que el optimismo libere el poder que existe latente en cada ser.

Tan solo se requiere de la voluntad, la disciplina y la constancia, teniendo la decisión como baluarte. Para llegar lejos, no hay límite.

Tiempo

Siempre ha existido en el ser una preocupación por el porvenir: el mañana, tan lejano y tan cercano, se asemeja a una esperanza, al deseo de realizar lo que se ha pospuesto. El ser humano ha pensado que se dará la oportunidad de comenzar una vez más; el tiempo, el mañana inalcanzable, el ayer que sepulta en el olvido, aquello que se dejó de hacer.

La rueda del templo de los días, con sus doce horas, marcan los años, los instantes cósmicos de la vida, pero ¿En dónde queda el tiempo si la mente destruye el mañana con el inexorable ayer, viviendo solo de los recuerdos del pasado que se desvanece en la noche que pasó?

El tiempo no se detiene ni avanza; marcha a un ritmo inalterable pero constante por toda la eternidad, a veces nos quejamos del tiempo y entramos a suponer que no alcanza, dejando y acumulando, esperando otro momento, otra oportunidad de realizar nuestros deseos.

La mejor justificación para el pensamiento ante la incapacidad del ser es cuando se culpa al tiempo y se desperdicia en melodramas de dolor e incapacidades, dejando pasar los días, los meses, los años en espera de una decisión que jamás llega y así se pierde lo irrecuperable: el tiempo.

Ante la vida cotidiana muy pocas veces nos detenemos a evaluar el tesoro más preciado para cualquier ser humano, por un instante lo invito para que a través de estas líneas evaluemos el tiempo.

¿Cuántos años tiene: 10, 20, 30, 50, o más? Realmente la edad no importa; si en este momento pensará por un instante en lo que ha realizado en los años que tiene de vida, ¿Se podría sentir satisfecho de lo que ha vivido? O ¿Quizá sienta que ha dejado de lado muchas cosas por abandonarse a esperar algo mejor?

Suele suceder, con mucha frecuencia, que en los mejores momentos de la vida nos detenemos y colocamos un freno a la existencia, dejando pasar los días sin hacer nada, sin aprender, sin aprovechar el hoy, tan solo esperando y esperando.

Volvamos al pasado para mirar su existencia: desde el momento de su infancia, cuando la vida se iniciaba ¿Cree que ha realizado una buena labor con su existencia o pasaron los años y dejó a un lado su vida?

Quizá desperdició momentos valiosos por las fiestas de la juventud y por su actitud desvió el camino entrando a un mundo de limitaciones mientras otros avanzaban dejándolo rezagado.

Cuántos seres hoy viven en un círculo vicioso, en el cual llevan años de dar y dar vueltas sin mirar otras situaciones, sin darse otra oportunidad, solo en la rutina constante de un vivir limitado y conformista.

¿Qué tan lejos ha llegado en su vida personal? ¿Ha alcanzado sus metas? ¿Sus deseos se han hecho realidad? O de pronto se siente que ha dejado pasar mucho tiempo para iniciar, aunque cada día se propusiera que mañana lo haría.

Dijo el maestro:

"Lo único que el tiempo no perdona, es lo que a tiempo no se hace, porque jamás se hará".

Cuánto suma en su cuenta de tantas cosas que deseó hacer y que no hizo. Hoy, ahora, quizá en este momento, detenga por un instante su diario vivir para encontrar una respuesta a su vida, o quizá pueda pensar que es tonto y deje de leer; muy pocos tienen la fortaleza de mirar en su interior para permitir que los cambios lleguen.

¿Hace cuánto fue la última vez que se dedicó tiempo?

¿Cuánto tiempo ha pasado que no se regala un buen traje? Justifica su incapacidad con el dinero en la frase célebre de "no tengo plata".

Entonces debe pensar que ha desperdiciado mucho tiempo, si no se ha preocupado por avanzar y darse gusto, ¿Qué ha hecho con su vida? ¿Su empeño, su trabajo, en donde han quedado si su esfuerzo le impide darse gusto?

Es de las personas que culminaron sus estudios y aún sigue estudiando, aprovechando cada instante para ser el mejor o abandonó todo y ahora se arrepiente cuando el tiempo ha pasado y ¿Cree que ya no realizará su deseo?

Dijo el maestro:

"La realidad del ser, es la semilla que se desenvuelve lentamente para ser árbol y toma todos los instantes del tiempo en crecer hacia los cielos, aprovechando cada instante para crecer hacia lo profundo de la tierra".

Todos somos una semilla y en nuestro interior albergamos el conocimiento del todo y así como la semilla del árbol, debemos echar raíces y crecer hacia el cielo.

El tiempo que nos marca el nacer y el morir, es muy pequeño, realmente para que podamos desarrollar todo lo que poseemos.

Cada nuevo día nacen ilusiones, deseos, esperanzas de cambio; pero cada nuevo día termina tan solo con el propósito; en conclusión, nada queda, y el próximo amanecer será algo igual hasta que la vida se acabe en el vacío de la muerte; ¿Qué queda entonces como huella de la existencia, si no se ha sembrado ninguna raíz?

Dijo el maestro:

"Un árbol sin raíces profundas, ni crece, ni vive; es arrastrado de tajo ante el primer viento y solo es rastrojo".

El tiempo es lo único que poseemos como escenario para desarrollar nuestra película, debemos aprovechar cada uno de los instantes; jamás se repetirán, entonces ¿Ya concluyó su película?

Piense por un instante, en dónde va, si el camino que eligió es el verdadero, o si por el contrario es mejor por un momento detener el andar y evaluar cada paso; así se podría reiniciar una nueva vida, aprovechando cada segundo alcanzando sus metas.

Hay que evaluar cómo y cada cuánto se detiene a mirar su vida, rectificando el camino y tomando como principio el aprovechar el tiempo al máximo. No hay espectáculo más hermoso que contemplar la aurora al despertar; así cada día es un himno, un canto de vida que vale la pena vivirlo.

Hay tiempo para cada cosa, aunque el tiempo en sí sea el mismo: tiempo para amar, tiempo para vivir y disfrutar la vida; hay tiempo para todo si se sabe aprovechar.

Es el momento de meditar y reflexionar, por qué está vivo y aún tiene todo el tiempo del mundo para empezar de nuevo; recuerde que tiene una segunda oportunidad.

Para empezar ¿Qué le gustaría realizar? Ahora piense por un momento qué necesita para ello. Pregunto: ¿Tiene la voluntad suficiente para realizarlo?, ¡Tiene!, présteme atención, tiene todas las oportunidades y alternativas para realizar lo que desee; tiene todo el tiempo del mundo si realmente quiere, es el momento de iniciar el nuevo camino.

Decisión y tres palabras claves:
Voluntad, Disciplina y Constancia.

El tiempo transcurre silencioso, pero demasiado rápido, hace tan solo unos instantes que el pasado fue un hoy; sin embargo, ya es pasado ¿Cree que vale la pena dejar que este día, este momento sea también pasado?.

Es la hora de empezar a vivir, de tomar decisiones que engrandezcan su vida.

El inquieto espíritu que alberga su cuerpo le conduce por la vida brindándole todo lo que quiera, si tiene el coraje de lograrlo; las limitaciones solo están en su mente.

Hoy está vivo y todavía tiene el tiempo necesario para alcanzar grandes metas; ahora es el momento de poner en práctica todo su conocimiento con su decisión.

Cada momento que transcurra pensando por dónde empezar y solo deseando sin actuar, es un tiempo perdido que no se recuperará; así que hay que tener toda la voluntad, dejar a un lado el conformismo y comenzar.

Recuerde lo que dijo el maestro:

"Un viaje de mil leguas comienza con el primer paso, y aun la escala más alta tiene un primer peldaño".

Si está dispuesto a aprovechar todo su tiempo, de aquí en adelante le sugiero que piense, es el dueño del mundo y que tiene Todo, pero necesitará de una gran dosis de voluntad y confianza en sí mismo.

Para iniciar un cambio es importante saber hacia dónde se quiere llegar y cuáles son las metas que se quieren alcanzar; no se trata de cambiar por cambiar, muy al contrario, se trata de aprovechar el tiempo al máximo, generando día a día un avance.

Al comienzo será de forma lenta; pero posteriormente el avance será más grande, al igual que se van presentando cambios sustanciales en su vida.

Es importante tener presente dos factores: el tiempo y la decisión; sin esto cualquier intento de cambio tan solo terminará en un fracaso; no crea que con solo pensar se realizarán sus deseos: debe tener en cuenta que la acción es lo más importante.

¡Ante el deseo de cambio, recuerde que la fuerza interior está dentro de su corazón!

El tiempo

Existen dos clases de tiempo:

El tiempo subjetivo y el tiempo objetivo; cada uno es manejable mediante la actitud mental y dependiendo del estado de ánimo se logrará que el tiempo transcurra más rápido o más lento.

Cuando se encuentra en un momento placentero, el tiempo parece acortarse, las horas se convierten en instantes, los días pasan a velocidades sin límite y se siente una agradable sensación de bienestar. Al contrario, si se encuentra ante una situación crítica y difícil, el tiempo parece alargarse y los instantes se convierten en horas, las horas en días y los días parecen meses.

Esta facultad de la mente será de gran ayuda para aprovechar al máximo el tiempo, tanto el objetivo como el subjetivo, teniendo en cuenta que el tiempo físico es inalterable, este será eternamente perpetuo, pero cambiable en los conceptos mentales.

Es inalcanzable el tiempo.

El tiempo no se detiene, así que se debe aprovechar al máximo; una de las mejores formas, es planear con antelación las actividades que se desean ejecutar a corto, mediano y largo plazo.

Levántese temprano

El acto de madrugar permite, crear una disciplina. Mantener una actitud positiva frente a la vida, cada amanecer, le permite disponer de un mayor tiempo para dedicárselo a sí mismo. De esta manera, logrará manejar el estrés, así como de igual forma regulará su reloj biológico, descansando durante la noche de una forma profunda y renovadora. Es importante aclarar que el ejecutar este acto requiere de voluntad hasta que se convierta en una rutina.

Para combatir las horas tortuosas del insomnio, se debe ejecutar el siguiente proceso: decídase una noche a no dormir, será una noche larga, pero vale la pena intentarlo; al amanecer no se quede en la cama, levántese así se sienta cansado, lo que quiere decir que pasará un día con total decaimiento.

Ahora bien, luche hasta el máximo por acostarse de ser posible hacia la medianoche; el cansancio le hará dormir, pero deberá levantarse a las 5:00 de la mañana y prepararse, se sentirá mal anímicamente.

En este día acuéstese a las 10:30 y levántese a las 5:00 de la mañana; si lo hace es seguro que el insomnio no vuelve. De mantener este hábito su cuerpo y su mente se lo agradecerán, ya que dormirá profundamente regulando su reloj biológico.

Tiempo Subjetivo

Si realiza sus labores con agrado y amor, sentirá que el tiempo se acorta, al realizar cualquier acto con tensión y desgano, el tiempo se alargará negativamente haciendo que sobrevenga el cansancio mental y por ende el deseo de renunciar. El tedio y la desesperación hacen que las horas sean eternas.

Los actos sin interés se convierten en una carga y en un castigo difícil de soportar, esta situación se va convirtiendo en un hábito y a la postre en una costumbre, de tal manera que todos los actos se convierten en una carga y se opta por no hacer nada, desperdiciando el tiempo y la vida.

WICCA

Dijo el maestro:

"El tesoro más preciado que se debe cuidar con esmero, es el tiempo que tengas bajo el cielo; es lo único que te dará la vida, mientras vivas".

El tiempo pasa inadvertido y el silencio de las horas, los días, los meses, los años va dejando atrás todas las oportunidades y si no se tiene en cuenta, se cometerán errores que muy difícilmente se podrán arreglar.

El tiempo que vale y que se debe aprovechar es el tiempo presente, el ahora, el hoy; en este momento medite sobre el tiempo transcurrido de su vida y valore si realmente lo ha aprovechado.

De no ser así, deberá concluir que este es el momento de iniciar una nueva vida, proyectando su pensamiento y canalizando su actuar hacia el progreso y el avance.

Los temores del fantasma del pasado deben quedar en el olvido; está vivo y tiene todas las alternativas de la vida.

Hay que tomar decisiones ¡y pronto! Cada segundo, cuenta en el tiempo: se ha perdido mucho, así que redoble su capacidad mental.

Se presenta una circunstancia extraña de difícil control y consiste en desear que todas las cosas cambien de forma inmediata, lo cual es muy difícil ya que no existen soluciones mágicas, ni milagros, la única alternativa está en iniciar y de manera lenta; por lo demás si solo permanece pensando en qué hacer así se quedará.

Evite mirar el pasado como el presente.

Muchas veces nos anclamos en mantener un recuerdo del ayer y convertirlo en el presente constante, dejando divagar la mente en el pasado, perdiendo un tiempo precioso en una serie de recuerdos que no aportan nada positivo.

El pasado está muerto; así que no desperdicie su tiempo, mire hacia el futuro, el presente tiene todo para realizarse. Cambie la óptica de su vida, sea consciente que el pasado no se cambia. Por el contrario, renueve las ilusiones para el futuro. Si toma una hora para pensar en el ayer habrá convertido esa hora en su pasado; valore el tiempo y lo que deba dejar partir hágalo, sin lastimarse. Aprenda a sacar el mejor partido de cada momento.

Analice los acontecimientos de acuerdo con su sentir; no ruegue ni busque explicaciones ante las decisiones de los demás; de igual manera no desperdicie el tiempo esperando una llamada.

No dedique tiempo a pensar y divagar mentalmente, no se quede anclado sin intentar nuevas ocupaciones, diviértase y evalúe que cada situación deja un conocimiento y una experiencia; "vea lo positivo", piense que todo ¡Pasará! De esta forma, evitará atormentarse. En la medida en que descubre nuevas situaciones, vívalas; sea prudente, no cometa errores por despecho, tenga presente que en los momentos de soledad y de dolor es frágil y no falta quien se aproveche de esta situación lo cual sin duda posteriormente le hará más daño.

Antes de aceptar una nueva situación o cambio en su vida, bien sea laboral, emocional, económico, etc., Haga un alto y después de un tiempo prudencial tome decisiones, no se precipite.

Valórese

Es tan importante como lo crea, no disponga de su tiempo en complacencias, ni se convierta en una "papelera sentimental" donde sus amigos depositen sus problemas. Esto, lo único que produce es que lo dejen con las inquietudes y preocupaciones que difícilmente solucionará; aprenda a decir diplomáticamente **"NO"**.

Normalmente, en los momentos de dolor y angustia se atrae a las personas que se encuentran en la misma situación; la combinación del sufrimiento termina en aumentar el propio, sumado a la sensación de impotencia al no poder ayudar a los demás.

Valorarse a sí mismo: consiste en hablar de situaciones constructivas nunca destructivas, ser cauto en los temas de conversación, dedicarse un tiempo a cuidar de su ser tanto en cuerpo como en pensamiento. Una técnica que da buenos resultados consiste en el aislamiento voluntario de su grupo de amistades, permitiendo dedicarse el tiempo para mejorar su interior.

Confianza

Es importante confiar firmemente en lo que se desea hacer; si se proyecta al futuro mantenga el optimismo y la seguridad en que lo logrará. No comente sus planes antes de haberlos realizado; es mejor decir "hice" y no comentar "voy a hacer".

Dijo el maestro:

El alpinista contempla la montaña, seguro de llegar a la cumbre; de no ser así, ni siquiera la vería.

No deje nada al azar.

Por encima de su crisis mental, es importante tomar decisiones en cuanto a documentos y procesos legales se refiere; en muchas ocasiones la confusión de lo inesperado anula la capacidad de análisis, perdiéndose un tiempo importante en realizar determinados actos jurídicos legales.

Detenga por un tiempo su dolor y asesórese, pero sea cauto; la misma desesperación le impide evaluar lo mejor y cuando se dé cuenta será muy tarde.

Recuerde que lo inesperado llega sin avisar, así que esté preparado.

Medite

WICCA

Diariamente dedique un tiempo para evaluar y reflexionar sobre sus decisiones, lentamente aprenderá a pensar serenamente controlando sus impulsos. Cada noche antes de dormir piense en sus actos, evalúelos honestamente y, por favor, no se autoengañe con justificaciones, sea sincero consigo mismo, cambie sus actitudes, mejore, propóngase firmemente no mentir.

Piense antes de actuar, no se deje llevar por impulsos. De hacerlo, cometerá errores de ligereza de pensamiento, desperdiciando días por falta de una verdadera planeación, teniendo que volver a empezar de cero. Es preferible esperar uno días para que la calma retorne y no estar intentando sin progresar; medite bien en lo que desea y planifique la mejor manera de obtenerlo.

Imaginar

WICCA

La mente tiene capacidades ilimitadas de imaginar y crear; al planear lo que se desea seremos producto de nuestras imágenes: si nos imaginamos infelices así estaremos o al contrario si nos imaginamos felices de igual manera seremos.

La meditación es importante. En el momento de imaginar se debe proyectar cómo le gustaría verse y cómo le gustaría estar, no imagine situaciones negativas; por el contrario, llénese mentalmente de imágenes positivas, recuerde que lo que imagine se convertirá en realidad.

Es importante tener en cuenta que debe aparecer en su imagen mental de la misma manera como le gustaría verse.

Sentir

Todas las imágenes proyectadas deben estar acompañadas de sensaciones: sienta lo que imagina, si se imagina feliz, siéntase feliz; véase y siéntase en su plano mental como le gustaría estar, evite involucrar en su pensamiento personas externas, les enviará su energía mental y serán ellos los favorecidos. La sensación debe ser a nivel mental tan real como la realidad misma.

WICCA

Actuar

Al unir la imaginación con la sensación viene
la acción, el actuar es convertir en realidad
los pensamientos; de una o de otra manera
actuamos de acuerdo como nos sentimos
y nos autoimaginamos, depende solo de
nosotros realmente como queremos estar.

Cada día proyecte su imagen y actúe de acuerdo como se sienta, supere sus temores siendo benigno consigo mismo, la capacidad de la mente nos lleva al cielo o a vivir un infierno de sufrimiento innecesario, dependiendo tan solo de nuestros pensamientos y actos.

Luego de imaginar, sentir y actuar, se debe llevar a la práctica, cambiando los conceptos de limitación, de temor y fracaso; la mente como el cuerpo se entrena, para que se eduquen y respondan tan solo a nuestros deseos.

Y para lograrlo necesitamos de tres fórmulas básicas:

Voluntad

La fuerza de la mente debe canalizarse en un pensamiento constante y controlado de tal manera que sea uno mismo, mediante la voluntad, quien piense en una sola idea y actúe de acuerdo con esa idea pensada.

La voluntad se potencializa mediante pequeños esfuerzos de control, ejecutando un acto constante se logra convertirlo en hábito, el cual posteriormente se hará una parte integral de sí mismo.

Disciplina

La actitud del pensamiento y la voluntad, están fortalecidas por la disciplina, un acto que mediante la constancia se vuelve permanente y repetitivo.

El gobernar sobre la mente es un arte, desapareciendo los temores y la incertidumbre, al impedir que esta se refugie en pensamientos de incapacidad, complementándolos con imágenes de destrucción y dolor; hay que pensar en lo positivo y alejar todo lo que pueda causar alteraciones.

Constancia

Si realmente aplica los anteriores principios y es constante en su decisión, verá con asombro cómo en tan solo unos días, su vida habrá cambiado positivamente. La constancia es la unión de la voluntad y de la disciplina; solo aquellos que la practican logran alcanzar sus objetivos.

Tomemos como ejemplo dos personas que deseen adelgazar: la primera decide hacer ejercicio todos los días; la segunda busca fórmulas mágicas, que a la postre, no sirven para nada y al contrario fomentan la pereza.

Si la primera mantiene una actitud de voluntad, disciplina y constancia, verá que cada día mejorará su aspecto y recuperará su autoestima, aun cuando el empezar no sea fácil, pero si realmente lo desea, lo logrará.

Mientras que la segunda verá, que a medida que pasan los días, muy al contrario, la inactividad y la desilusión habrán aumentado en mayor proporción su peso, aunque de igual forma ha necesitado de voluntad, disciplina y constancia para no hacer nada y destruirse.

Los mismos principios se aplican de diferentes maneras, bien hacia lo positivo, bien hacia lo negativo. De su voluntad, dependerá lo que realmente desee hacer mientras está vivo.

Bálsamo para el alma

BÁLSAMO PARA EL ALMA

Hay muchas almas atrapadas en el sufrimiento, pero a veces no se tiene una guía para encontrar el camino y así superar el dolor. Luego de mi encuentro con el Dolor y a través de estas páginas, hay una manera de tener nuevamente esperanzas para volver a sonreír, si lo desea y lo permite. Mi amigo el Dolor le hablará como un amigo y quizá entre los dos logre superar su dolor.

Dice el Dolor:

Para vencer el dolor hay que actuar sin parar, siempre en continua acción, sin detenerte. Cuanto más actúes más rápido vencerás tu dolor; hay una clave para lograrlo: necesitarás de veintitrés días, pero deberás ser constante sin fallar uno solo; así cambiarás toda tu vida y anularás el dolor.

Levántate antes que el sol, debes ganarle durante veintitrés días. Una vez lo hagas, sal de las cobijas y de tu casa, ve y mira el amanecer, siente la brisa de la mañana; dale acción a tu cuerpo, has deporte; propóntelo, inténtalo, di que ¡tú puedes! a cada instante, di que lo harás. El primer día te sentirás desanimado y solo caminarás, pero ya verás en el segundo y luego en el tercero como lentamente irás cambiando.

Así, sin darte cuenta, fortalecerás tu voluntad: hoy caminarás cien metros, mañana 120, al otro día 150 y lentamente, poco a poco, despacio, como nace la rosa lo lograrás y te superarás a ti mismo; intenta una hora diaria en los primeros siete días, en los segundos siete días aumenta a hora y media y en los terceros a dos horas, pero no debes detenerte, así te sientas enfermo y decaído solo ¡hazlo! Son veintitrés días, no más; los dos últimos días hazlo dos horas y media.

Fuera de hacer deporte debes cambiar de actividad: ponte a estudiar algo, visita a los enfermos, así conocerás como se supera otro dolor; mira en tu corazón y cambia tu apariencia.

Ahora viene una parte difícil: dentro de los veintitrés días debes abrir el baúl de tus recuerdos, fotos, cartas, todas las cosas de tu pasado; hay que contemplarlas por última vez y sacarlas de tu vida y de tu mente ¡vamos! Bota lo que no te sirve; es una limpieza de casa y de tu mente.

¿Difícil? Tal vez, pero ¿Qué vas a hacer atrapado en el pasado todo el tiempo? Bien... Esa ha sido una excelente decisión, ya te has liberado de gran parte de mí. Ahora en tu día, debes buscar algo que te agrade: nuevos amigos, comparte con personas que te muestren el camino del amor, pero sin crear lazos; sé tú mismo.

Bien... Llegada la noche debes acostarte antes de las doce: es la hora cenicienta, donde la magia se rompe si te acuestas pasada esta hora. Al otro día seguirás, te levantarás antes que el sol y así durante tan solo 23 días; ve a un gimnasio y aprende a decir no.

Si te has decidido, entonces comencemos; si no, al menos sigue leyéndolo. Piensa que solo el actuar es lo que vence el dolor; de lo contrario esto será tan solo una lectura más, y te sentirás confuso por desear cambiar, pero sentirte incapaz de hacerlo.

Encuentras más justificaciones para seguir en tu dolor que en el poder que tienes para vencerlo; entonces serás un perdedor y solo en tu mente querrás cambiar sin actuar y eso no se puede, todo cambio está antecedido por la acción.

¡Te reto, al menos inténtalo!

Mañana es el primer día de tu nueva vida. ¿Quieres que te acompañe? Lo que debemos hacer es colocar el despertador a las 5:15 de la mañana y lo primero que harás será levantarte y tomar el libro.

Día 1

Hace unos minutos que despertaste, ¿cómo estás? Supongo que pasaste una noche de desvelo, con el pensamiento de intentar cambiar, pero sientes que te faltan las fuerzas; justifica tus limitaciones si eso quieres y vuelve a la cama, pero no lo harás, ¿Verdad? Vas a intentarlo.

¿Sabes? Cuando viene el primer día de reto, la mente se rebela y se piensa que hace frío o calor, se buscan disculpas... Ni lo pienses... no vayas a hacer esa llamada; aquí estas solo contigo mismo, la fuerza debe salir de tu interior.

Así que nada de mendigar compañía, **ESTO LO HARÁS TÚ.**

Vamos, tenemos poco tiempo, así que llenate de energía, cree en ti mismo, ¡tú puedes! si de verdad quieres. Que nada te distraiga.

1... 2... 3... ¡vamos! arriba.

OK, ahora te toca tu turno: voluntad, disciplina y constancia; no te afanes ni quieras hacerlo todo hoy. Vamos despacio, ahorra energía son veintitrés días.

Tú eres un ganador y no un perdedor, llénate de valor y una vez termines estos renglones ¡Actúa!

Recuerda que debes acostarte antes de la medianoche... y no olvides alistar el despertador.

Día 2

Ufffffff ¿Cansado? Y con pereza... pero ya iniciaste, así que ahora no vayas a desfallecer; es tu segundo día, piensa que pronto se pasarán estos días y seguirás cambiando. ¡Eres un ganador! Ahora redobla tu esfuerzo, necesitas vencer el cansancio y la pereza; piensa en que vas en el camino del cambio, así que es el momento de seguir, un paso más, otro día más. ¡Tú puedes! y ya iniciaste. No lo olvides, aleja los pensamientos de temor que te invaden. Vamos, cree firmemente en ti que todo pasará y ahora estás en el proceso. Hoy debes cambiar algo de ti: tu traje o tu presencia.

La tentación está ahí y también los recuerdos... Vives pendiente del ayer y sientes nostalgia; dile ¡no! A tus recuerdos, aumenta tu dignidad; tú vales y eso es ahora lo importante. Así que no te lastimes mentalmente con el pasado; déjalo pasar, ahora inicias el segundo día. Llénate de tu fuerza interior y descubre el poder que hay en ti ¡vamos! hoy intentarás algo nuevo así que levántate y descubre que el límite lo pones tú. No hay barreras ni justificaciones, solo tu decisión: "fuera cobijas"; hoy tienes el mejor día de tu vida.

Recuerda conectar el despertador (no lo olvides 5:15 AM).

Día 3

Hola... ¿Amaneciste? Es un día crítico; aunque dormiste un poco, apareció el fantasma del ayer y sientes el vacío. Tienes una lucha en tu interior que creo que vas a explotar: no quieres levantarte, estás cansado, desanimado y en fin... todo se confunde; así suele pasar al tercer día.

No es momento para vacilar ni lamentarte; tienes un día más para vivir. El ayer ya quedo atrás y caminas hacia el mañana.

Bien... Aquí está tu deseo de querer y pronto todo esto estará en el olvido mira ya han pasado tres días desde que iniciaste, ¡vamos arriba! La fuerza está dentro de ti; no te venzas ahora y si te das cuenta... En el fondo ya te sientes mejor.

¿Sabes? Fuera de todo, el deporte te hará mucho bien en pocos días tu apariencia habrá cambiado; pero hay que hacerlo paso a paso, sin parar, no importa como este tu día; si hace frío o hace calor... En fin es tu pensamiento.

¿Vale la pena renunciar ahora? Voltearte y dejar esta página y acostarte a entrenar tu mente en el sufrimiento y después... ¿Qué será de ti? El mundo se divide en dos; al igual que los dos caminos, tan solo existen dos equipos: los ganadores y los perdedores. ¿En qué equipo quieres jugar?.

¡Ya! Deja la incertidumbre; cuanto más dudes menos lo harás. Entonces es el momento de levantarte. En ti está el mejor futuro, pero recuerda que el futuro es ahora, en *este instante en este segundo, toma aire, respira profundo, llénate de vida y fuera cobijas ¡vamos! Hoy es el mejor día, la voluntad vence todo, la constancia y la disciplina son la base del triunfo.*

Déjame ver una sonrisa... Toma mi mano... ¡Vamos, se hace tarde!

No olvides el despertador.

Día 4

¡Hola! ya pudiste dormir mejor, me alegro por ti. Tu cuerpo está rendido, pero te sientes mucho mejor. Ayer en la tarde ya notaste que puedes vivir y eso está bien, vamos por un buen camino...

Ahora hay que continuar ¿conociste a alguien? Bueno, si no, ya lo conocerás ¡ah! Hoy debes controlar tus emociones, oh... oh... Nada de pereza, levántate, fuera cobijas.

Hoy entrenaremos los dos, nos exigiremos un poco más, descubriremos el poder de la mente, tus músculos se están tonificando y ya verás que estarás muy bien.

Cuando se domina la mente y la voluntad se domina todo, controla el pensar, no mires el ayer lejano e incambiable, mira el mañana lleno de las alternativas de la vida, mira el hoy donde estás vivo y tendrás el éxito y la felicidad que hace unos días considerabas tan lejanos.

El dolor ya se desvanece, ante la voluntad tú eres el ser más importante de la vida; vamos, inspira, ya no quedan sino 19 días, la meta está cerca y lo lograrás... No le des cabida a la duda, así que a la 1, a las 2, y ¡ya! Fuera cobijas.

Se te olvidó, dejar el despertador conectado... Que hoy tengas un buen día, recuerda mis palabras ¡tú puedes si de verdad quieres!

Día 5

Te felicito de verdad. Ya no necesitaste del despertador, pero no te confíes; tu cuerpo ya no se siente tan cansado y tu semblante está mucho mejor. Genial que comiences a creer en ti mismo, ayer en la mañana en la página anterior dudaste, pero lo hiciste; hoy te doy mis dos manos.

Los cambios ya se notan en tu vida así que continuemos, ¿tienes afán verdad? ¡Vamos, levántate!, el poder está en ti, el amor por ti mismo te mueve a caminar y triunfar porque tú eres un ganador. ¿Sabes? ya no nos quedan sino 18 días... Cómo se pasa el tiempo, así que disfrutemos esté día al máximo; a propósito, prepárate para esperar lo inesperado, que nada te tome por sorpresa, serenidad y tranquilidad no discutas, hoy has un voto de silencio y de autocontrol.

Arriba lo lograrás...
Recuerda el despertador

Día 6

Sabía que llegaría este día, tu ánimo ha decaído suele pasar; pero es el momento de probarte a ti mismo: ¿Te vas a dejar vencer por las cosas triviales que están fuera de ti, vas a sacrificar tu vida por los pensamientos de otros? ¡De qué te culpas! Mira que en lugar que te den apoyo te limitan y tú ayudas condenándote sin sentido; esos son pequeños huecos que ya quedarán atrás. Ahora es el momento donde tu verdadera voluntad se debe hacer presente, es ahora donde tu mente y tus pensamientos dominarán el dolor y la incertidumbre, así que, aunque tengas todas las alternativas, no vas a tomar la de renunciar, no te vencerás... Mira faltan 17 días.

Es importante que pienses que tú vales, que tienes dignidad y te mereces lo mejor; no te dejes llevar por el corazón ni tomes decisiones apresuradas, por qué no te das un tiempo para que el mar de tu interior se ponga en calma.

Deja que el espacio y el tiempo aplaquen tu sufrir y vamos, dejemos la filosofía para la tarde; ahora levántate hoy lo harás por ti y por mí, vamos a entrenar duro. Recuerdas el primer día... Quedo atrás, ya eres tú el motor de la vida.

Cuando termines te sentirás el ser más grande del mundo. No te olvides del…. Así es, el despertador.

Día 7

¿Ves?, Las cosas son pasajeras; hoy no tengo mucho que decirte, solo que estoy súper orgulloso de ti, como me gustaría conocerte y platicar, que me cuentes cómo son tus días, saber cómo eres y qué planes tienes para tu futuro; pero bien algún día será, te lo prometo, ¡vamos!

No tenemos hoy mucho tiempo: fuera cobijas, así que vamos, tu mente y tu ánimo están mejor y no sé la razón, pero percibo una luz extraña en tus ojos... Parece que la semilla de la ilusión se ha sembrado de nuevo en tu corazón.

Hoy subirás al podio de los ganadores como el mejor; has cumplido la primera parte de tu meta, los primeros siete días. Nos quedan 16 y a partir de mañana ya sabes que debes aumentar tu voluntad, te exigirás un poco más.

Día 8

Bien... Colocaste el despertador tú solo, hoy inicias la segunda parte; aunque han pasado algunas cosas en esta semana, te sientes bien; ya es hora de levantarte sin tanto esfuerzo, tu cuerpo se siente de maravilla y tu semblante es otro, así como en tu alma el dolor ya es más lejano. Esfuérzate hoy un poco más, inicias otra parte, pero haremos algo simultáneo: a medida que lo haces, fortalecerás también tu mente, fíjate una meta, por ejemplo, que vas a trotar 45 minutos y no pararás hasta lograrlo, tienes una voluntad de acero.

Ven... Salta de la cama y corramos a encontrar la vida.

Día 9

¡Te desconozco y me sorprendes! No pensé que tuvieras tan buen físico, como que en unos días has encontrado un poder diferente dentro de ti; te ves animado y eso está bien, arréglate hoy como si fueras a una boda, tu ser interior está radiante y tu mente domina las emociones; ¿sabes? Tu dedicación hace que otros te admiren, aunque no te lo digan sigue así y trata de enseñar a otros. Tú serías un excelente entrenador de almas y de cuerpos, vas muy bien, así que continua; te parece si hoy nos exigimos un poquito más...

Día 10

Solo quiero preverte y que hoy actúes en completa libertad sin ningún comentario; creo firmemente que cualquier situación tú ya la superarás, porque tienes dignidad y has aprendido a conocer la voluntad la disciplina y constancia.

Día 11

¿Te has mirado al espejo? Tu cuerpo muestra los frutos de los días, ya tan solo nos quedan doce. Aunque tu mente ha divagado de un lado a otro ya la sensación de renunciar es menor y al contrario se aumenta el deseo de continuar; has encontrado la clave para dormir mejor, para sentirte bien para verte bien, así que ya estarás listo para continuar tú solo. No te dejes tocar por las cosas pasajeras, en realidad, nada vale la pena para auto destruirte, así que continua... Da un paso más.

Levántate ya es hora, no lo pienses tanto y no digas que estás cansado; vamos, convierte el deporte en un hábito que sea constante y para siempre.

Día 12

Sin comentarios, pero estás mucho mejor.

Día 13

No te subestimes y no creas que ya lo lograste; aún nos quedan 10 días, en lugar de pensar que ya tienes todo bajo control, piensa que has subido la colina y al frente te encuentras con la gran montaña.

Esta es la preparación para continuar, es la hora de manejar la mente y unirte con tu ser interior; hoy es un buen día para aliviar el dolor que existe en otro, has una visita y regala algo de tu corazón. ¿No crees que hay personas que bien merecen una ayuda, así sea pequeña?

Vístete bien como si hoy recibieras el mundo en un cristal; da de tu corazón y reflexiona: "la humildad es una virtud de la grandeza", permite que se anide en tu alma, sé humilde pero grande ante el dolor.

Día 14

¿Sabes cantar? Entonces cantemos; hoy cumples la segunda parte de tu meta: mil felicitaciones, ojalá todas las personas fueran como tú... Mantenerte y continuar.

Qué puedo obsequiarte... Ah, sí, te regalo el amanecer más hermoso cerca del mar cierra los ojos y míralo es el mañana del mañana, ¡qué bien! Eres especial, has logrado lo propuesto, entramos a la recta final.

Hagamos un balance de tus actos, tu mente está mejor a pesar de los momentos de angustia; tu cuerpo espléndido, has bajado de peso y te tonificaste, que bien. Duermes mejor y estás más tranquilo/a, como que la vida se abre para ti como la flor para el colibrí; estoy feliz de saber *que tú existes, que tienes la voluntad y el amor para vivir y combatirme... Ya pronto no estaré contigo y me iré, aunque me quedaré.*

Ahora levántate; hoy se inicia otra etapa. Vamos a exigirnos un poco más; lograrás mucho más de lo que imaginas.

Durante el día piensa en lo grande que eres y así paso a paso, fíjate metas, trabaja, estudia, proyecta tu mente al futuro, cuida tu alma y tu espíritu.

Día 15

La calma y la serenidad son la clave del actuar; no permitas que nada te altere en este día. Aprende a decir ¡no!, Así como a hacer silencio: para que exista un conflicto se necesita de dos... Tan solo calla. Vamos, hoy harás algo más por ti, mira tus manos y tu cabello, arréglate como si fueras de cena con la luna.

Eres grande ya no te quedan sino 8 días.

Día 16

¡No! No pases un día sin hacerlo, si lo haces deberás volver a iniciar todo, pero lo peor es que te sentirás mal contigo mismo de casi lograrlo y vencerte; crees que vale la pena, así estés cansado y tengas mucho por hacer, vamos, al menos inténtalo, no te esfuerces, no compites con nadie sino contigo mismo; ven el día nos espera, ya pasará tu cansancio y al contrario esto te renovará. No importa cuánto hagas, quien podría calificarlo, lo que importa es que lo hagas; lo calificas tú.

Día 17

Camina hacia dentro de ti, sigue...

Día 18

Piensa en que tan solo quedan 5 días, te ves espectacular, mírate al espejo.

Día 19

Silencio, sigue ¡tú puedes!... Aliméntate de ti mismo.

Día 20

Desnúdate y contempla tu cuerpo... Estás muy bien, tu piel está mejor y parece que la luz de tu interior alumbra a otros; vuelve a sentir, acepta lo que la vida te brinda, has una locura sin lastimar a nadie, has algo para ti: cómprate ropa, o vive algo diferente, pero sigue así.

Día 21

Bien, llegamos a la tercera parte de tu meta; ya realmente no necesitas de mí... de hoy en adelante seguirás solo/a. Abre las alas de tu imaginación y vuela... Te quedan dos días, evalúa tus actos.

Día 22

Te queda un día, pero solo llegará si hoy actúas; si te quedas quieto perderás los anteriores y tendrás que volver a comenzar.

Día 23

Gracias por haberme permitido acompañarte en estos días; ya es hora de levantarte y terminar la meta impuesta. ¿Sabes? Escribiendo estas letras, pensaba cuál es el límite para vencer el dolor; hoy debes de sentirte feliz contigo mismo, lo lograste y has triunfado ¡eres un ganador! Verdad que sí.

¿Crees que ya llegaste? Te has dado cuenta, eres grande... te imaginas ¿Cómo estarías si sigues así? Pues bien, ahora te entrego el diploma, recíbelo en tu alma dice:

A LOS GRANDES DE VOLUNTAD.
A LOS FUERTES DE PENSAMIENTO
EL DOLOR PREMIA A:

CON LA FELICIDAD

¿Terminaste? ¿Acaso piensas que tu vida son 23 días, qué te parece la meta de 23 meses y luego 23 años y luego 23 vidas?

Así que ahora comienzas a ser tú... eres libre para hacerlo como quieras; en ti están todas las claves para lograrlo o si quieres también eres libre de volver atrás.

Pero a pesar de la adversidad y del dolor siempre sabrás que lo lograrás, si de verdad te lo propones; que tal si *iniciamos otros 23 días y así: en tan solo 9 meses te cuento que estarías de impacto... Inténtalo.*

Si tan solo leíste estas páginas, ¡por qué no lo intentas.

¿No sé cómo eres? Ni tus limitaciones, sé que tienes una mente y en ella está el poder para lograr lo que se desea sin límites y sin justificaciones ¡tú puedes! si de verdad te lo propones.

Sin saber quién eres: gracias por permitirme entrar un instante en tu corazón; el dolor y la felicidad son siempre uno, estás vivo y la vida aún a pesar de los momentos difíciles es maravillosa... De verdad ¡vale la pena vivirla!

¿Me regalas una sonrisa?

RITUALES MÁGICOS

El proceso del bálsamo del alma luego de comprender cómo actúa el dolor, es importante comprender que cada situación de alteración de las emociones transforma la energía, la mente desencadena una frecuencia de vibración desarmonizando la existencia y atrayendo fuera de la depresión, la tristeza, la agonía y por ende la mala suerte.

La forma por la cual mágicamente el destino se altera y las energías se cruzan, nada de lo que se desea realizar, sale bien.

Al estar atrapado en la melancolía, las energías fluctúan entre un mayor descenso y un poco ascenso, en la medida del proceso de cambio si bien los estados emocionales se modifican las energías se mantienen atrapadas, la mala fortuna hace su aparición, las enfermedades se presentan, todo cambia hacia lo negativo haciendo más difícil el iniciar de nuevo.

De igual forma la mente se ha nublado atrayendo bajas vibraciones y con ellas las infestaciones que terminan generando el infortunio y la incapacidad de progreso.

En el mundo de la magia antigua, todo proceso de cambio mental debe ir acompañado con un proceso de cambio energético, el cual se realiza a través de una serie de elementos mágicos o rituales.

En el mundo de la magia se realiza lo siguiente cuando se está atravesando por situaciones de dolor y sufrimiento.

• Se debe realizar un ritual de limpieza en el lugar donde se vive, alejando y exorcizando las energías parasitas.

• Haga un despojo de todo lo que haya sido usado y no sirva, saque de su hogar todo lo que le produzca recuerdos que le hagan daño, y todo aquello que sea inútil, recuerde acumular basura atraerá la basura y alimañas.

• De igual manera haga un despojo de sus prendas y zapatos usados, así como elementos o recuerdos que le causen pena, debe empoderarse y liberar de su mente y de su vida todo lo que sea tóxico.

• Luego de los despojos tanto del lugar donde usted habita como de sus elementos personales viene el arreglo.

• Lave, limpie, ordene, restaure, pinte, reorganice sus cosas, por favor cambie su estilo, así sea rasurase totalmente, pero de tal manera que, al iniciar una nueva vida, vea otro ser diferente el espejo.

• De nada vale hacer todo para su mente y su energía sino se disciplina en el deporte, al menos exíjase hacer ejercicios diarios durante un mínimo de una hora todos los días, pruébese usted puede.

• Recuerde nada ni nadie va a asumir su vida, es usted solo o sola consigo mismo.

Si los cambios aquí sugeridos no se realizan, si no se disciplina en el entrenamiento físico y no cambia de actitud, no ejecute los siguientes rituales mágicos, si los hace sin cambiar su vibración, atraerá más problemas y dificultades a su vida.

Ritual de limpieza para el hogar

Con todo ordenado, debe conseguir los siguientes elementos:

- Sal marina
- Aceite vegetal (Una onza)
- Esencia de lavanda (Siete gotas)
- Una escoba nueva
- Siete plantas amargas
- Siete plantas dulces
- Medio metro de soga o cabuya
- Dos velas una blanca y una negra preferiblemente conjuradas.
- Una tela o paño de color amarillo

Paso uno

Durante la noche de novilunio, cuando los líquidos están en reposo ejecute lo siguiente luego de la puesta del sol.

Encienda las dos velas en dos extremos distintos de su casa, la negra hacia el lado derecho de la puerta de entrada y la blanca hacia el lado izquierdo.

Mientras las velas se queman diga la siguiente oración.

*Poderes de la Tierra
Poderes del Aire
Poderes del Fuego
Poderes del Agua
¡Os invoco!*

*Yo (diga su nombre en voz alta)
criatura de vida, Yo, espíritu de
poder encarnado en este cuerpo
Yo, representación de la eterna obra de la creación
Yo, conjuro este lugar sagrado para
que quede libre de toda maldad
Yo exorcizo el dolor y el pasado,*

la pobreza y el infortunio.
Yo con el poder de la vida a este hogar
le devuelvo la suerte y la vida, no
entrara perversidad ni espiritu ni mal.

Paso dos

• Coloque a calentar las siete plantas dulces y amargas hasta que suelten su aroma

• En un frasco aparte mezcle el aceite, la sal marina y la lavanda.

• Cuando las plantas hayan soltado sus aromas y con cuidado de no quemarse, con la escoba nueva riegue el agua o baño sagrado por todos los rincones de su hogar, deje que el tiempo seque el riego.

Luego de lo anterior, sobre el paño amarillo coloque la sal con el aceite y la lavanda, con el hilo o cabuya haga una pinda, la cual debe colgar en el extremo más lejano de la puerta de entrada de su hogar, los aromas de la planta y la lavanda atraerán la armonía la buena suerte y la fortuna.

• La escoba nueva debe atarla a la escoba vieja durante tres días, al final del tercer día la escoba vieja debe sacarla de su hogar, en ese periodo de tiempo, ya debe percibir los nuevos cambios que han llegado a su vida.

Ritual de buena suerte

Antes de este ritual es importante que usted tenga en claro que, los problemas o estados emocionales que vive, obedece a alguna serie de situaciones de alteración y no a una influencia mágica o negativa que le causa el desespero y la angustia.

Infortunadamente muchas personas son víctimas de influencias causadas por irradiación mágica, la cual se confunde con las diferentes alteraciones, si este es el caso o usted sospecha de un posible influjo no realice este ritual.

(Si considera que alguien está afectando su vida de otra forma desconocida, busque ayuda en el campo de la magia).

Baño de luna llena para atraer la armonía y la suerte

Para ejecutar este ritual debe obtener los siguientes elementos y ejecutar los siguientes pasos.

Paso uno

• Arréglese físicamente, manicura y pedicura, así como rasurase si debe hacerlo.
• Compre un juego nuevo de sabanas preferiblemente de color negro o amarillo
• Compre un juego de ropa interior nuevo
• Compre una toalla nueva

Paso dos

• Consiga los siguientes elementos
• Sal marina
• Café

- Miel que sea jalea real
- Champan o vino espumoso
- Veinte centímetros de cáñamo o cabuya suave
- Aliste la toalla vieja

Hacia la medianoche de una noche cuando la luna se encuentre en la fase de plenilunio o luna llena, debe hacerse una exfoliación mágica.

Mezcle la sal marina con la jalea real o miel blanca esto endulzara su vida armonizando su energía.
Con calma y si afán debe exfoliar todo su cuerpo del cuello hacia los pies.

Terminado lo anterior

Mezcle el café con el champan, símbolo del éxito, o el vino espumoso, poder de la luna en la vida.

Estando bajo la ducha mientras el agua lo baña, aplíquese el vino y el café al tiempo que retira la miel y la sal marina.

Tómese el tiempo necesario para hacerlo bien hecho teniendo precaución no ir a dañar la piel ni causarle daño, una exfoliación es un suave masaje. Al terminar, con el cáñamo realice una tobillera que le quede ligeramente suelta, la cual debe colora en el pie izquierdo, hasta que por sí sola se suelte.

Escurra el agua de su cuerpo luego de retirar los exfoliantes use sus cosas nuevas, la vida ha comenzado nuevamente para usted.

Previamente antes de hacer el ritual debe abrir un orificio en la toalla vieja por donde pueda pasar su cabeza y los hombros sin que se rasgue, al terminar el baño debe pasar por el orificio como si de un nacimiento se tratara, luego de hacerlo sin que la toalla se desagarre la debe doblar y sacar de su casa. Allí quedará atrapada su mala fortuna.

Es prudente no "creer" en este tipo de rituales, los cuales obedecen con las diferentes vibraciones de la naturaleza. Bajo una actitud de disciplina constante usted tiene un nuevo comienzo hacia una vida mejor, depende de su empeño y la exigencia que ponga en lograr el éxito de su vida.

En **Ofiuco** y **Wicca la Escuela de la Magia** y a través de **Radio Kronos,** encontrara productos, audios, ayudas, que le serán de beneficio.

Enciclopedia Universo de la Magia

¿Desea aprender magia?

Ingrese a la escuela de la magia a través de nuestra enciclopedia en Ofiuco Wicca. El poder oculto de la mente, la influencia sin espacio ni tiempo. Un conocimiento guardado por milenios, ahora en sus manos.

WWW.OFIUCO.COM

231